Duden

99 einfache Fragen für vielfältige Unterhaltungen zwischen Eltern und Kindern

Von Ralph Caspers

Dudenverlag
Berlin

Fragen über Fragen

Fragen über Fragen

Fragen über Fragen

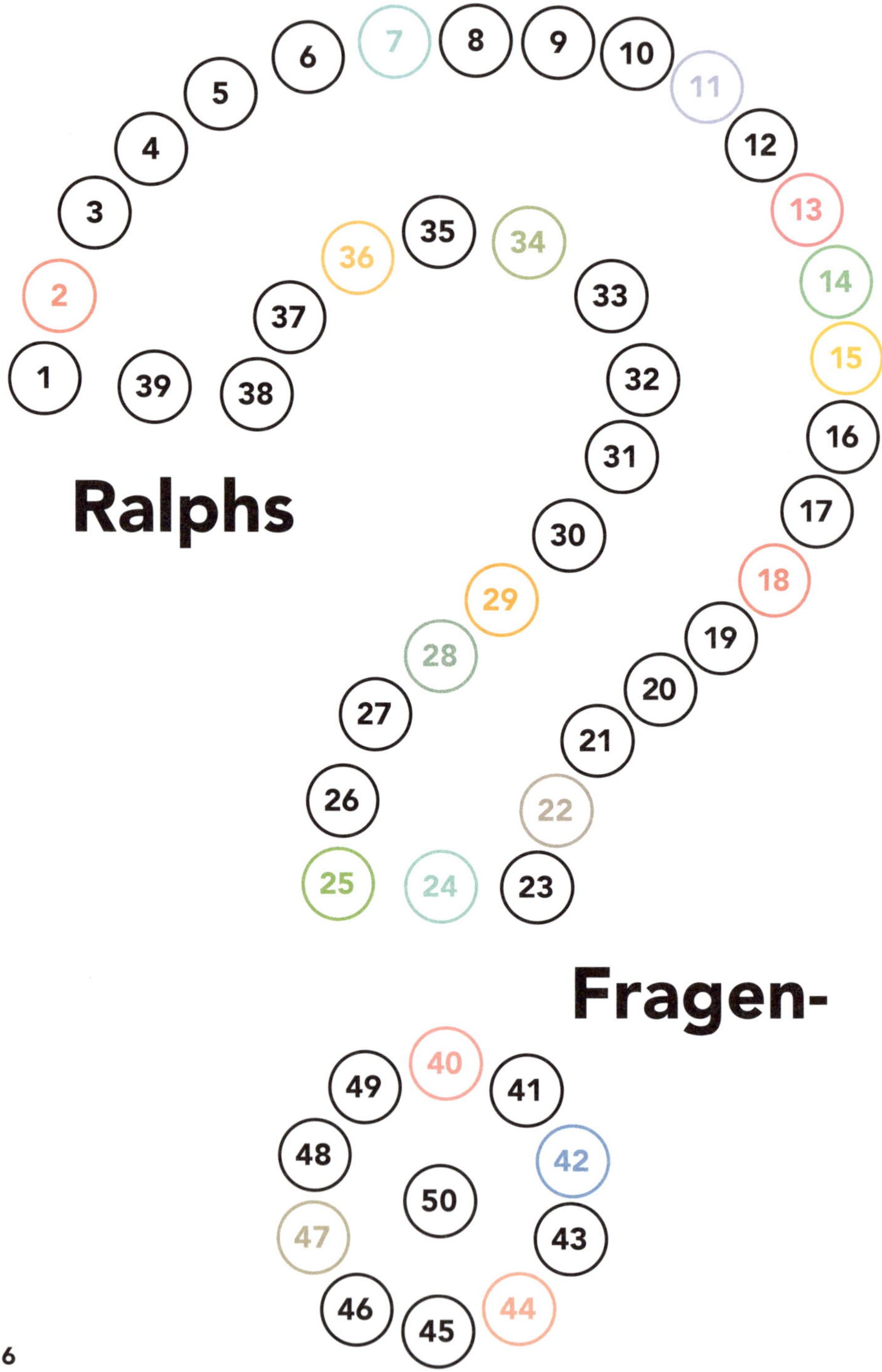

Ralphs Fragen-

Zufalls-generator

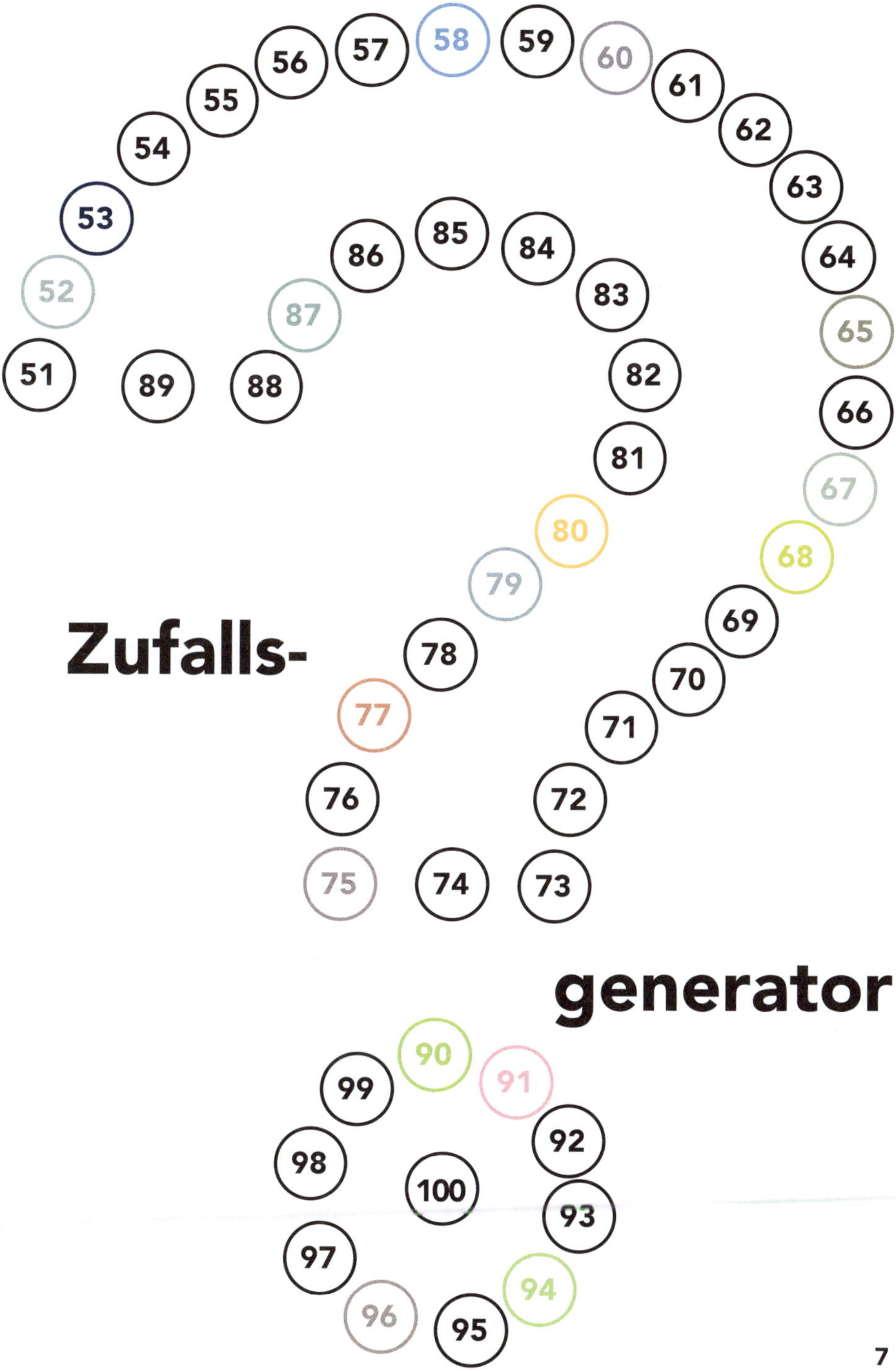

1

Duzen oder siezen?

Eins

Nach meinen Lesungen fragen mich jüngere Menschen oft: „Darf ich ein Foto mit Ihnen machen?“ Ich weiß, das „Sie“ gehört zur guten Erziehung und ist ein Weg, Respekt auszudrücken. Deshalb antworte ich oft: „Natürlich dürfen Sie ein Foto mit mir machen.“ Die meisten 10-Jährigen schauen irritiert und lächeln verunsichert: „Sie haben mich gesiezt!“ Ich erwidere dann ähnlich irritiert: „Ich dachte, wir sind schon beim Sie. Weil Sie gerade ‚Sie‘ zu mir gesagt haben.“ Da ich aber nicht festgelegt bin, zähle ich weitere mögliche Anreden auf: „Wir könnten auch Vorname-und-Sie oder Nachname-und-Du benutzen oder wir ‚Ihrzen‘ uns, das hätte etwas Adliges.“ Am Ende lachen wir und das Eis ist gebrochen. Und darauf kommt es ja an.

Tatsächlich können Anreden wie Glatteis sein, man kann da schnell auf die Nase fallen. So gibt es bei offiziellen Anlässen klare Regeln, wie alle Beteiligten angesprochen werden. Diese Regeln gehören zum „Protokoll“, das sind Vorschriften für den Ablauf von Staatsbesuchen. Alle halten sich daran, damit es nicht zu unangenehmen Situationen kommt, denn man weiß ja nie, wer Wert darauf legt, dass die Anrede stimmt.

Seltsam, dass man sich so viele Gedanken machen kann zu so etwas Unwichtigem, oder? Auf der anderen Seite: Wenn man die Anrede direkt zu Anfang geklärt hat, kann man sich ganz entspannt auf den Inhalt des Gesprächs konzentrieren. Und genau dafür gibt’s auf den nächsten Seiten ein paar Ideen von mir und 33 weiteren Menschen, die mir Fragen geschickt haben. Ich wünsche dir viel Spaß dabei. Vielleicht findest du auch deine Frage wieder. (Jetzt ist es offiziell: Wir sind beim Du! Steht ja auch auf dem Umschlag: „Duden“, nicht „sieden“.)

2

Mimi fragt:

Hunde- oder Katzenbabys?

Zwei

Danke sehr, Mimi !!

Ich weiß, diese Frage klingt ähnlich wie meine Frage „Hunde oder Katzen?“ aus dem vorletzten Buch. Aber sie ist doch ganz anders.

Zuerst einmal: Warum sind Hunde- und Katzenwelpen so unfassbar süß und niedlich? Es hat mit dem Kindchenschema zu tun. Das gibt es nicht nur bei jungen Hunden und Katzen, sondern bei so gut wie allen Wirbeltieren – und natürlich auch bei uns Menschen. Zum Kindchenschema gehören große Augen, eine hohe Stirn und eine kleine Nase. Bei Kindern – und jungen Hunden und Katzen – ist der Kopf im Verhältnis zum restlichen Körper viel größer als bei Erwachsenen. Das Kindchenschema löst in uns und in vielen Tieren ein ganz bestimmtes Verhalten aus: Wir wollen für das kleine Etwas – was auch immer es ist – sorgen, es beschützen und in den Arm nehmen. Beobachte mal, wer oder was so ein Entzücken in dir auslöst und ob das vielleicht mit dem Kindchenschema zusammenhängt.

Zurück zu Mimis Frage, die echt ein wenig gemein ist: Wenn du zwei unzweifelhaft putzige kleine Tiere vor dir hast, kannst du dich dann für eins von beiden entscheiden? Oder denkst du, egal, welche Entscheidung du getroffen hast: „Das war falsch, ich hätte mich doch anders entscheiden sollen!“

Es gibt ein Wort dafür: Dilemma. Hört sich an wie Lämmer – süß –, ist aber überhaupt nicht niedlich.

Ein Dilemma ist eine Zwickmühle, in der beide Entscheidungen zu einem Ergebnis führen, das dir nicht gefällt. Hast du so eine Situation mal erlebt? Was hast du dann gemacht? Vielleicht hast du über eine dritte Möglichkeit nachgedacht. Genau das hat Mimi getan: „Ich hab’ meinen Eltern gesagt, dass es für meinen Bruder auch gut wäre, ein junges Haustier zu haben. Damit er lernt, Verantwortung zu übernehmen.“ Sehr geschickt.

3

Warum nicht mit dem Dessert anfangen?

Drei

Nachtisch ist mein liebster Teil beim Essen. Ich habe mir oft schon gewünscht, wir könnten mit dem Dessert beginnen. Als Antwort kam dann immer: „Nein, du wirst dir den Appetit verderben und dann das Gemüse nicht mehr essen. Außerdem macht man das nicht."

Ich wette, das wurde dir auch schon mal gesagt.

Dabei ist es mir noch nie passiert, dass ich nach dem „Gemüse" keinen Platz mehr für das Dessert gehabt hätte. Warum sollte es umgekehrt anders sein? Warum sollte mein Magen kleiner werden, nur weil ich mit der Nachspeise anfange? Ich verstehe natürlich den Gedanken dahinter: Eltern befürchten, man würde sich am Dessert satt essen und dann nichts mehr von der gesünderen Hauptspeise anrühren. Da die Portionsgrößen der Desserts bei uns zu Hause in der Regel vorgegeben waren, fällt diese Argumentation zusammen wie eine nachlässig gefaltete Stoffserviette.

Eine interessante Studie zu dem Thema wurde im Jahr 2019 im *Journal of Experimental Psychology* veröffentlicht. In einer Cafeteria platzierten die Forschenden das Dessert am Anfang des Buffets. Wenn die Gäste zuerst den Käsekuchen auf ihr Tablett stellten, wählten sie als Hauptgang häufiger die „gesünderen" Gerichte aus und nahmen insgesamt weniger Kalorien zu sich als die Leute, die nicht mit dem süßen Dessert anfingen.

Heben wir uns das Beste für den Schluss auf? Das Dessert wäre dann die Belohnung dafür, dass wir das gesunde Gemüse gegessen haben. Muss Gesundes immer schlechter schmecken als der Nachtisch? Oder ist die Reihenfolge beim Essen einfach nur Gewohnheit?

Was, denkst du, könnte passieren, wenn man etwas, das man nie infrage stellt, mal ganz anders macht? Warum also nicht mal mit dem Dessert anfangen?

4

Würdest du eine dritte Chance geben?

Vier

Angenommen, dir tritt dein Tanzpartner auf die Füße. Und es tut richtig weh. Er merkt, dass er nicht aufgepasst hat, und bittet dich um Verzeihung. Du nimmst die Entschuldigung an – und ihr tanzt weiter. Denn wie sagt man so schön: Jeder Mensch verdient eine zweite Chance. Wir alle machen Fehler. Es fällt uns deshalb nicht schwer, nachzuvollziehen, wie schlimm es ist, wenn man etwas falsch gemacht hat und keine Möglichkeit bekommt, es wieder in Ordnung zu bringen. Eine zweite Chance zeigt den Beteiligten, dass man aus seinen Fehlern etwas gelernt hat. Das bringt alle weiter.

Dass uns verziehen wird und dass wir vergeben können, ist für uns und für die Menschen, mit denen wir tanzen, einfach wichtig. Mehr noch, das gilt für alle, mit denen wir befreundet oder verwandt sind oder mit denen wir täglich in der Schule oder bei der Arbeit zu tun haben. Stell dir vor, du würdest, statt zu vergeben, einfach zurücktreten. Da würde der Tanz sehr schnell zu einer Art Schuhplattler werden, es gäbe blaue Flecken und viel böses Blut, statt dass alle eine gute Zeit haben.

Tatsächlich haben Forschende herausgefunden, dass es einen Zusammenhang gibt zwischen vergeben können und glücklich sein. Ob jetzt allerdings glückliche Menschen mehr vergeben oder Menschen, die mehr vergeben, glücklicher sind, lässt sich nicht sagen.

Was machst du, wenn dein Tanzpartner dir kurze Zeit später wieder auf die Füße tritt? Gibst du ihm noch eine Chance oder hörst du auf, mit ihm zu tanzen? Warum sollte man nur zwei Chancen geben oder bekommen? Gibt es Situationen oder Menschen, bei denen du großzügiger bist? Gibt es für dich eine Grenze? Und wie viele Chancen gibst du dir selbst?

5

Lieber mit dem Hund durch den Regen gehen oder ihn zu Hause sauber machen?

Fünf

Hunde müssen – anders als Menschen oder Katzen – regelmäßig an die frische Luft, um da die Geschäfte zu erledigen, für die Menschen oder Katzen spezielle „Geschäftsräume“ haben. Mit anderen Worten: Für jeden Haufen und jede Pfütze müssen Hunde nach draußen. Zwar gibt es Hundeklos für die Wohnung, aber die sind eher für kleine Hunde gedacht – also Welpen oder Malteser. Außerdem ist das bei Rüden beliebte Beinchenheben alle fünf Meter selbst mit einem Dutzend Hundeklos in Innenräumen nur schwer umsetzbar. Abgesehen davon, dass für andere Möbel dann kaum noch Platz übrig wäre.

Das bedeutet, egal ob die Sonne scheint oder der Wind weht, der Hund muss raus. Auch wenn es Katzen und Hunde regnet, nie passte die Redewendung besser, ist Gassi gehen Pflicht. Und damit es drinnen nicht so matschig und nass wird wie draußen, muss der Hund, wenn er wieder nach Hause kommt, abgetrocknet und sauber gemacht werden. Dieser Vorgang ist oft eine echte Qual für Mensch und Hund, weil erstens so ein Tier nicht gern stillsteht und zweitens der Mensch den Hund gar nicht schnell genug mit dem Handtuch abrubbeln kann, bevor der Hund sich ausgiebig schüttelt.

Wenn ich die Wahl hätte, würde ich viel lieber durch Unwetter marschieren, vor allem wenn ich Regensachen tragen kann. Das macht mir sogar Spaß! Aber auf das Saubermachen könnte ich wirklich verzichten.

Wie ist es bei dir? Auch wenn du keinen Hund hast, gibt es vielleicht ähnliche Situationen. Etwa Kochen und Küche aufräumen? Versuchst du, Unangenehmes abzugeben und nur das zu tun, was dir Spaß macht? Vielleicht finden andere Menschen genau die Sachen gut, die dir lästig sind. Dann wärt ihr ganz unterschiedlich und trotzdem die besten Freunde.

6

Wie viele Löcher hat ein Trinkhalm?

Sechs

Ist doch einfach: Oben ein Loch und unten ein Loch macht insgesamt zwei Löcher. Oder sind beide Löcher ein und dasselbe Loch? Ist so ein Trinkhalm also nur ein einziges sehr langes Loch? Oder ist es ganz falsch, überhaupt von einem Loch zu reden? Ist der Trinkhalm nur ein dünnes Rohr, das zum Glück überhaupt kein Loch hat? Denn wie du bestimmt schon mal selbst erlebt hast, ist es sehr schwierig, mit einem Halm zu trinken, der an der Seite ein Loch hat. Dann fließt statt Getränk von unten hauptsächlich Luft von der Seite in den Trinkhalm.

Wie viele Löcher sind es also? Null, eins oder zwei?

Das ist eine Ausnahmefrage, denn normalerweise gibt es in diesem Buch keine richtigen oder falschen Antworten. Außer hier. Ein Trinkhalm hat ein Loch.

War das auch deine Antwort? Und fragst du dich vielleicht, wie sich diese Antwort erklären lässt? Mit Mathe. Genauer gesagt mit Topologie, das ist ein spezieller Teilbereich der Mathematik. Topologisch gesehen ist der Trinkhalm das Produkt des Kreises und der Länge des Halms. Der Kreis entspricht genau einem Loch, die Länge des Trinkhalms ist und hat kein Loch, also besteht der Trinkhalm insgesamt aus einem Loch.

Falls Mathe nicht so dein Ding ist und du eher der Ton-Typ bist: Stell dir vor, du hast einen Ring aus Ton auf einer Töpferscheibe. Die Scheibe dreht sich, und du ziehst mit deinen Händen den Tonring ganz geschickt nach oben. Es ist immer noch derselbe Ring, nur ein bisschen verlängert. Ein einziges ummanteltes Loch sozusagen. Genau wie beim Trinkhalm hast du jetzt ein langes Loch vor dir.

Wie viele Löcher hat eigentlich eine Hose? Und wie sieht es bei einer Socke aus?

7

Susanne fragt:

Welcher Wochentag ist der beste?

Sieben

Montag. Für viele nicht unbedingt der beste Tag, weil sie nach dem Wochenende wieder zur Schule oder zur Arbeit gehen müssen. Aber die Musikgeschichte wäre viel ärmer, wenn es ihn nicht gäbe. Denn über keinen Tag wurden mehr Songs geschrieben. Bester Tag, um in die Woche zu starten.

Dienstag. Kennst du das Gefühl, wenn du beim Sport kurz nach dem Aufwärmen denkst: „Jetzt könnte ich bis ans Ende der Welt laufen." So fühlen sich Dienstage für mich an. Sehr motivierend.

Mittwoch. Das Schöne am Mittwoch ist, dass er so selbsterklärend ist. Mitte der Woche, das Wochenende nicht mitgezählt. Und genau das ist ab hier schon gut zu sehen. Es sind noch zwei Tage der Woche übrig, um Dinge erledigt zu bekommen. Mittwoch ist der Hügel, den man mit dem Fahrrad herunterfährt: Ab jetzt kann man es einfach rollen lassen.

Donnerstag. Meine Freunde und ich nennen ihn den kleinen Freitag. Die Vorfreude auf die freien Tage steigt. Donnerstags kommen neue Filme ins Kino, und sehr viele Feiertage fallen auf den Donnerstag. Feiner Tag.

Freitag. Er ist das Gegenteil vom Mittwoch – zumindest was den Namen angeht. Denn meistens habe ich nicht frei am Freitag. Am Nachmittag aber, wenn alles erledigt ist, starte ich ins Wochenende.

Samstag. Wenn es einen Tag gibt, der bei mir das Gefühl erzeugt, einen Wunsch frei zu haben, dann ist es der Samstag. Ich kann machen, was ich will. Meine Freunde können machen, was sie wollen. Und meistens machen wir das zusammen.

Sonntag. Das Besondere am Sonntag ist, dass er bei uns das Ende der Woche, in anderen Ländern aber den Anfang der Woche darstellt. Sonntag ist der ruhigste Tag. Er hat etwas von geplanter Langeweile. Ich liebe Langeweile.

Wie ist es bei dir?

Vielen Dank, Susanne!

8

Wie werden Menschen wohl in 1000 Jahren aussehen?

Acht

Um herauszufinden, wie die Menschen aussehen werden im Jahr 3023 – was für eine Zahl –, musst du nur in einen Spiegel schauen.

Forschungen haben ergeben, dass die ältesten, bisher gefundenen Knochen von Homo sapiens, so wird unsere Art genannt, ungefähr zwischen 230 000 bis 350 000 Jahre alt sein könnten. Der Hinterkopf der Menschen damals war wohl noch etwas länger als bei uns heute, aber die Gesichtsform hatte schon große Ähnlichkeit mit unserer. Seit ungefähr 40 000 Jahren hat sich das Aussehen der Menschen nicht mehr wesentlich verändert. Würde ein Mensch von früher einen Anzug von heute tragen, dann würde er nicht besonders auffallen, abgesehen vielleicht von seinem Verhalten und seiner Sprache. Tausend Jahre sind für die Evolution keine nennenswerte Zeitspanne. Und das bedeutet: Die Menschen der Zukunft werden sich von der äußeren Erscheinung voraussichtlich nicht sehr von uns unterscheiden.

Was allerdings Werkzeuge und technische Fähigkeiten angeht, da machen 1000 Jahre einen großen Unterschied. Du musst dir nur mal vorstellen, wie es im Jahr 1023 aussah. Da befanden sich die Menschen mitten im Mittelalter, und es gab keine Computer, keinen Strom, nicht einmal Fahrräder. Wenn du damals jemandem erzählt hättest, dass heutzutage alle Menschen fliegen könnten, es hätte dir niemand geglaubt. Und das macht die Frage, wie Menschen in 1000 Jahren wohl aussehen, dann doch etwas schwierig zu beantworten. Vielleicht erfinden wir etwas, mit dem wir unsere Körper ganz wesentlich verändern können.

Welche Veränderung würdest du praktisch finden? Hast du einen besonderen Wunsch für die Zukunft?

9

Umfahren oder umfahren?

Neun

„Ist doch beides dasselbe“, hör ich dich murmeln. Auf den ersten Blick vielleicht, auf den zweiten aber kann „umfahren“ genau das Gegenteil von „umfahren“ sein. Du kannst mit deinem Einkaufswagen eine Pyramide aus Erbsendosen umfahren – Betonung auf „fahren“ –, also um sie herum fahren. Du kannst die Dosenpyramide aber auch umfahren – Betonung auf „um“ –, also voll in sie reinrauschen und für großes Chaos im Supermarkt sorgen. Ein Wort, zwei gegensätzliche Bedeutungen.

Auch diese Frage hat zwei Bedeutungen. Die eine ist: Bist du eher der Umfahren-Typ oder der Umfahren-Typ? Bleibst du lieber unauffällig, oder sorgst du gern für Aufsehen? Für die andere Bedeutung dieser Frage muss ich etwas ausholen.

Wir hatten bei *Wissen macht Ah!* mal einen Film, in dem es über Eigenarten von Sprachen ging. Eine chinesische Kollegin nannte als Beispiel das Wort „ma“, das je nach gesprochener Tonhöhe entweder „Mutter“, „Hanf“, „Pferd“ oder „schimpfen“ heißen kann. Ich war damals sehr dankbar, dass es im Deutschen diese Feinheiten nicht gibt. Aber ist das wirklich so? Oder bemerke ich sie einfach nicht, weil ich mit ihnen aufgewachsen bin? Der Unterschied zwischen „umfahren“ und „umfahren“ ist für Menschen, die Deutsch nicht als Muttersprache haben, garantiert genauso verwirrend wie für mich die verschiedenen Tonhöhen von „mā“, „má“, „mâ“ und „mà“ im Chinesischen.

Und genau das ist die andere Idee hinter dieser Frage: Was ist für dich selbstverständlich einfach, für andere aber unvorstellbar kompliziert? Und warum ist das so? Kannst du vielleicht gut mit Menschen umgehen? Oder kannst du gut Mitmenschen umgehen?

10

Sommerzeit oder Winterzeit?

Zehn

Ich mag das Wochenende, an dem die Uhr von der Sommerzeit auf die Winterzeit gestellt wird. Es hat für mich etwas Magisches, nachts um drei wach zu sein und zu sehen, wie sich alle Funkuhren auf zwei stellen und ich die letzte Stunde noch mal erleben kann. Das ist wie eine kleine Zeitreise in die Vergangenheit, ohne dass sich alle Ereignisse der vergangenen Stunde wiederholen.

Aber genauso finde ich den umgekehrten Fall faszinierend, also das Umstellen von Normalzeit auf Sommerzeit: live dabei zu sein, wie plötzlich eine Stunde verschwindet und sich in nichts auflöst. Geisterhaft.

Ich mag die Zeitumstellung, weil das Aufwachen am nächsten Morgen etwas Besonderes ist. Sind noch nicht alle Uhren auf dem neuesten Stand, schwimmt man durch den Tag und überlegt, wie spät es jetzt „eigentlich" wäre. Das finde ich unterhaltsam. Meine Katze dagegen, die sich bisher standhaft geweigert hat zu lernen, wie man die Uhr liest, macht jedes Mal ein großes Theater, weil ihr Hungergefühl nicht mehr mit der Fütterungszeit übereinstimmt.

Die durchgemachten Nächte während der Umstellungen werden mir fehlen. Und trotzdem freue ich mich, wenn wir irgendwann wieder eine Zeit fürs ganze Jahr haben werden. Der Plan, Energie durch die Zeitumstellung zu sparen, weil Menschen im Sommer weniger Strom für künstliches Licht verbrauchen, ist nämlich nicht aufgegangen. Stattdessen überwiegen die Unannehmlichkeiten: Nicht nur das Umstellen mancher Uhren ist echt nervig.

Was gefällt dir besser? Die Winter- oder die Sommerzeit? Merkst du überhaupt einen Unterschied? Stell dir vor, jetzt wäre genau die andere Zeit? Was würdest du machen?

11

Cosmo fragt:

Was ist deine Lieblings-farbkombination?

Elf

Ich liebe Farben. Das liegt wahrscheinlich daran, dass unsere Welt ohne Farben ziemlich eintönig aussehen würde. Und trotzdem – oder vielleicht gerade deswegen – habe ich keine Lieblingsfarbe. Für mich sind einzelne Farben wie Stimmungen. Das kann ein fröhliches Gelb sein, ein einsames Lila oder ein wagemutiges Orange. Da Stimmungen ständig wechseln, ändern sich bei mir eben auch die Lieblingsfarben.

Bei Farbkombinationen sieht es allerdings ganz anders aus. Die finde ich sehr viel interessanter, weil in meinem Kopf direkt Geschichten entstehen, wenn verschiedene Farben zusammenkommen. So wie ein gutes Foto nicht nur einfach eine Situation abbildet, sondern auch erzählt, was in diesem einen Moment passiert und wie es dazu gekommen sein könnte. Bei vielen Bildern erkennst du auf einen Blick deren Hauptfarben. Dabei entstehen überraschende Farbkombinationen. Und die gibt es natürlich nicht nur auf Bildern, sondern auch im echten Leben. Überleg nur mal, welche Farben du sehen kannst, wenn die Sonne im Meer versinkt. Oder wenn du mit dem Zug an einem Lavendelfeld vorbeirast.

Manchmal sehen zwei oder mehr Farben zusammen viel besser aus als eine allein. In der Kombination können sie sich gegenseitig verstärken oder sogar etwas völlig Neues entstehen lassen. Du musst nur mal Gelb und Blau zusammenbringen.

Meine Lieblingsfarbkombination ist zurzeit Pink und Orange. Am besten fluoreszierend, weil die Farben dann noch mehr strahlen.

Such dir die beiden Seiten in diesem Buch aus, die am ehesten deiner Lieblingskombination entsprechen. Welche Fragen findest du da?

Danke sehr,
Cosmo!

12

Föhnen oder an der Luft trocknen?

Zwölf

Aus Spaß habe ich eine Strichliste gemacht. Das Ergebnis nach 55 Haarwäschen: 14-mal benutzte ich den Föhn, 41-mal ließ ich die Haare an der Luft trocknen.

Zwei Erkenntnisse hat mir das gebracht. Erstens: Für meine Haare macht es nur einen kleinen Unterschied, wie sie trocken werden. Benutze ich den Föhn, wirken sie, als wäre ich den ganzen Tag auf einem Trampolin unterwegs: Sie stehen leicht ab und sind flusig wie Fraggle-Haare. Luftgetrocknet wedeln sie nicht so herum. Ist beides okay.

Zweitens ist mir aufgefallen, dass ich überraschenderweise gar nicht krank geworden bin. Wie oft habe ich von meinen Eltern gehört: „Bist du irre, mit nassen Haaren rauszugehen? Du wirst dich erkälten!" Tatsächlich bekommt man einen Schnupfen von Viren, nicht von nassen Haaren. Wobei es natürlich sein kann, dass durch die nassen Haare der Kopf kühler wird und dadurch die Schleimhäute schlechter durchblutet sind. Dann haben es Krankheitserreger leichter, in den Körper einzudringen. Dennoch war die Panik, die meine Eltern verbreitet haben, nicht angebracht.

Da denkt man, Eltern wissen Bescheid – und dann merkt man: Die haben wahrscheinlich auch nur das weitergegeben, was sie von ihren Eltern gehört haben. Das wirft Fragen auf: Gibt es etwas, das du einfach so von deinen Eltern weitergeben wirst? Woher weißt du, welche Erkenntnis du ungefragt für dich nutzen kannst und welche du selbst machen musst?

Eine Erkenntnis aus den Sommerferien ist, dass ich es am liebsten habe, wenn ich aus dem Meer komme und meine Haare am Strand in der Sonne trocknen.

Eine zweite Erkenntnis: Wenn du beim Föhnen immer müde wirst, könnte es an deiner Kindheit liegen und daran, wie deine Eltern dich zum Schlafen gebracht haben.

13

Bo fragt:

Einschlafen mit Stille oder mit Geräuschen?

Dreizehn

Als ich klein war, hatte ich einen Schallplattenspieler und sehr viele alte Märchenplatten. Ich habe ununterbrochen Hörspiele gehört. Mit Hans Paetsch und Hans Clarin bin ich groß geworden. In die Stimme von Reinhilt Schneider war ich verliebt, und Susanna Bonaséwicz war meine beste Freundin. Und weil ich mir während des Anhörens die Cover von allen Seiten immer und immer wieder angeschaut habe, brannten sich Namen wie Heikedine Körting und Bert Brac sehr tief in meine Gehirnwindungen. Ich habe mich wohlgefühlt bei diesen Stimmen, der Hörspielmusik und natürlich bei den Geschichten, die sie mir erzählt haben. Geborgenheit ist eine gute Voraussetzung, um entspannt einzuschlafen. Deshalb habe ich jahrelang – selbst als ich schon groß war – abends im Bett Hörspiele gehört. Egal, wo ich war, es fühlte sich immer so an, als wäre ich zu Hause.

Beim Einschlafen etwas zu hören, war für mich so selbstverständlich, dass es mich komplett überraschte, als ich feststellte: Andere Menschen brauchen Stille, um Ruhe zu finden. Statt einzuschlafen, hörte meine Freundin ganz konzentriert und gespannt zu, wenn *Die drei ???* einen Fall lösten, während ich schon kurz nach der Titelmusik tief und ruhig atmete.

Es gibt auch Geräusche, die eine einschläfernde Wirkung haben, egal ob jemand Stille bevorzugt oder nicht: Meeresrauschen zum Beispiel. Vielleicht liegt es daran, dass die Brandung am Strand wie ruhiges Atmen klingt. Vielleicht aber auch daran, dass Rauschen alle störenden Geräusche überdeckt, die am Einschlafen hindern.

Weißt du, mit welchen Geräuschen du am besten einschläfst? Hat sich das geändert? Haben dir deine Eltern früher am Bett Lieder vorgesungen? Geschichten erzählt? Oder einen Föhn eingeschaltet? Frag mal!

Danke schön, Bo!

14

Marc fragt:

Welche besonderen Menschen haben deinen Geburtstag? Und wie sähe es wohl aus, wenn du mit ihnen zusammen feiern würdest?

Vierzehn

Vor ein paar Jahren habe ich mit drei Freunden meinen Geburtstag in einer Cocktailbar gefeiert. Cocktails gibt es mit und ohne Alkohol, und sie werden aus den verschiedensten Getränken und anderen Zutaten gemixt. Es gibt ganz einfache wie zum Beispiel „Kiba“ – Kirschsaft und Bananensaft. Und es gibt unglaublich pompöse Cocktails, die so aussehen, als könnte man sie nur zusammenmischen, nachdem man eine jahrelange Ausbildung abgeschlossen hat – mit Zutaten, von denen ich nicht mal weiß, wie sie geschrieben werden. Geschweige denn, dass ich sagen könnte, um was es sich dabei tatsächlich handelt. „Chicha morada“?

Während wir in der Bar darauf warteten, dass ein Tisch frei wurde, suchten wir unsere Getränke aus. Ich war ganz waghalsig und wählte einen Cocktail, den ich noch nie vorher probiert hatte – bestehend aus nichts, was ich kannte. Der Kellner nickte anerkennend und sagte: „Der wird echt selten bestellt.“ Kurze Zeit später wurden wir an einen freien Tisch geführt und bekamen unsere Getränke. Meines kam in einem riesigen Glas mit aufwendiger Dekoration.

Direkt neben uns saß eine Vierergruppe, in der auch Geburtstag gefeiert wurde. Ich musste sehr lachen, als ich sah, dass die Geburtstagsfrau am Nachbartisch genau den gleichen Cocktail trank wie ich.

Was für ein Zufall, oder? Zwei Menschen, die am selben Datum Geburtstag haben, feiern mit jeweils drei Freunden am selben Ort und bestellen die identischen Getränke. Oder ist das gar nicht so überraschend, weil Menschen, die den gleichen Geburtstag haben, noch viel mehr Gemeinsamkeiten teilen?

Weißt du, wer alles dein Geburtsdatum hat? Und denkst du, ihr würdet euch gut verstehen? Oder hat ein Datum nichts damit zu tun, wie ein Mensch ist?

Alles Gute, Marc!

15

Jan fragt:

Woher weißt du, wer du bist?

Fünfzehn

Herzlichen Glückwunsch! Ich glaube, über keine Frage habe ich länger nachgedacht als über diese. Das liegt bestimmt auch daran, dass der scheinbar unscheinbare zweite Teil der Frage einen lebenslang beschäftigen kann: Wer bin ich eigentlich?

Ich weiß, dass ich Herzglitzer bin. Woher weiß ich das? Meine Eltern haben es mir erzählt. Schon bevor ich richtig denken konnte, sagten meine Eltern ständig dieses Wort, während sie mich angeschaut haben. Eines Tages wurde mir klar: „Dieses ‚Herzglitzer', das muss ich sein!"

Natürlich bin ich viel mehr als nur mein Name, und ich weiß das alles nicht nur deshalb, weil es mir andere Menschen erzählt haben. Ich bin zum Beispiel auch lang, blass und Brillenträger. Das weiß ich, weil ich mich schon oft im Spiegel gesehen habe. Ich bin Gassigeher, Katzenbändiger und Insektenrausbringer. Das weiß ich, weil ich es regelmäßig mache. Alles das bin ich. Und trotzdem hat die Sache einen Haken. Irgendwann habe ich vielleicht keine Haustiere mehr. Wenn ich alt werde und schrumpfe, bin ich nicht mehr lang. Wenn ich Urlaub am Strand mache, bin ich nicht mehr blass. Und wenn ich Kontaktlinsen trage, bin ich nicht mehr Brillenträger. Trotzdem bin ich aber immer noch ich, selbst wenn alles, was mich ausmacht, nicht mehr vorhanden ist, oder? Was genau ist dieses „Ich"? Lässt sich das Ich finden, wie mein Haustürschlüssel, der manchmal im Chaos aus T-Shirts, Schuhen, Büchern, Stiften und Bildern in meinem Zimmer verloren geht? Oder gibt es diese eine Ich-Eigenschaft gar nicht?

Vielleicht ist mein Ich gar nicht die Grundlage für alles, was ich mag oder tue. Es könnte auch andersherum sein: Alles, was ich mag und tue, bestimmt mein Ich. Was meinst du?

Besten Dank,
Jan!

16

Wie würdest du dein bisheriges Leben in einem Satz beschreiben?

Sechszehn

Ich kann nicht glauben, dass das schon alles gewesen sein soll.

(Das ist lustigerweise auch genau das, was meine Lektorin gemurmelt hat, als sie sah, was ich als Antwort auf diese Frage geschrieben habe.)

17

Wie würdest du deine Zukunft in einem Satz beschreiben?

Siebzehn

Wie ich meine Zukunft sehe, kommt immer auch auf meine aktuelle Laune an. Kennst du das? Bin ich schlecht gelaunt, sehe ich meine Zukunft eher düster. Bin ich guter Dinge, dann blicke ich voller Optimismus nach vorn.

Natürlich ist das Hauptproblem mit Vorhersagen, dass sie unabhängig von meiner Laune einfach sehr schwer zu machen sind. Denn niemand weiß, was die Zukunft wirklich bringt.

Auf der anderen Seite ist das Schöne an der Zukunft, dass wir sie uns vorstellen können. Und das kann Folgen haben. Ich stelle mir zum Beispiel vor, dass ich heute Abend Pizza essen werde. Wenn ich den Menschen um mich herum von dieser Idee erzähle, dann haben sie auf einmal auch diese Vorstellung einer möglichen Zukunft. Je mehr Menschen davon erfahren – und diese Vorstellung gut finden –, desto wahrscheinlicher wird es, dass wir uns tatsächlich dazu entschließen, heute Abend Pizza zu essen. Und schon ist allein durchs Mitteilen und Erzählen diese Zukunft zum Greifen nahe. Die Zukunft kann eine selbsterfüllende Prophezeiung sein, also eine Vorhersage, die nur deshalb eintrifft, weil irgendjemand sie gemacht hat. Das ist ganz schön beeindruckend, oder?

Wenn die Beschreibung deiner Zukunft schon die Richtung vorgeben könnte, in die sich deine Zukunft entwickelt, hat das dann auch bereits Auswirkungen auf deine Beschreibung? Meinst du, deine Zukunft lässt sich schon allein durch deine Vorhersage beeinflussen? Oder gibt es einfach zu vieles, auf das du keinen Einfluss hast, sodass deine Zukunft immer ein Geheimnis bleiben wird?

Es gibt einen Spruch, der mit der Zukunft zu tun hat und der schön passt: Ende gut, alles gut, und wenn es nicht gut ist, dann ist es nicht das Ende.

18

Annette fragt:

Woran merkst du, dass du erwachsen bist?

Achtzehn

Vielen Dank, Annette!

Wenn du so viele Kerzen auf deinem Geburtstagskuchen auspustest, dass deren Qualmwolken den Rauchmelderalarm auslösen …
Wenn die vielen Kerzen teurer sind als der ganze Kuchen …
Wenn du deine eigenen Geburtstagsgeschenke besorgst und sie sogar selbst einpackst …
Wenn du auf Toilette sitzt, das Papier alle ist und du niemanden rufen kannst, der dir eine neue Rolle bringt …
Wenn du begriffen hast, dass „Dinge" nicht einfach so bei dir zu Hause im Kühlschrank oder in der Vorratskammer auftauchen, sondern dass man sie selbst einkaufen muss, auch das Klopapier …
Wenn du so lange aufbleiben kannst, wie du möchtest, aber am liebsten schon nach der *Tagesschau* ins Bett gehen willst …
Wenn du Partys am liebsten freitags feierst, weil du dann zwei Tage zur Erholung hast …
Wenn du merkst, dass Jogginghosen in den seltensten Fällen zum Joggen getragen werden …
Wenn du froh bist, einen Hund zu besitzen, weil du ohne ihn überhaupt nicht mehr nach draußen gehen würdest …
Wenn du den Baum für Weihnachten besorgst …
Wenn du mit dem Nachtisch anfängst und niemand dir sagt: „Das geht aber nicht" …
Wenn andere erwachsene Menschen dich siezen …
Wenn du andere Menschen fragst, was sie denn mal werden wollen …
Wenn deine Eltern sich nicht mehr um dich kümmern, sondern du dich um sie …
Wenn du denkst, dass du noch lange nicht erwachsen bist …
… dann sind das alles untrügliche Zeichen dafür, dass du erwachsen bist.

19

Was hast du verpasst wegen Corona?

Neunzehn

Ich habe einen Abreißkalender, der Liebeserklärungen an den Alltag enthält. Auf dem Blatt vom 15. Januar 2020 stand zum Beispiel: „Was wir lieben: Plan C".

Das fand ich sehr lustig, weil die meisten Menschen allerhöchstens einen Plan B haben. Und außerdem fängt mein Nachname mit „C" an. Darum habe ich das Blatt schön eingerahmt in unserer Küche aufgehängt – als kleine Erinnerung daran, dass es weitergeht, selbst wenn Pläne A und B scheitern. Der Gedanke, dass „Plan C" auch für etwas ganz anderes stehen könnte, ist mir damals nicht in den Sinn gekommen: C wie Corona. Wenn ich heute das Kalenderblatt in der Küche sehe, denke ich mir, dass dieses C ganz viele andere Pläne durchkreuzt hat.

Ich weiß gar nicht, wie viele Feiern zur Einschulung, zum Schulabschluss oder zum Geburtstag nicht stattfinden konnten. Wie viele Reisen oder Umarmungen oder Abschiede wir verpasst haben, weil wir uns nicht treffen durften. Wir alle haben irgendetwas versäumt oder vielleicht sogar einen Menschen verloren, und das kann einen wirklich traurig machen. Oder wütend. Oder sauer. Auch wenn niemand diese Gefühle gerne hat, sind sie nun mal da. Weglächeln funktioniert nicht – habe ich ausprobiert. Was mir hilft, ist anzuerkennen, dass diese Gefühle zu mir gehören wie meine Brille. (Über die rege ich mich auch oft auf, aber davon werden meine Augen nicht besser.)

Das Leben nach Corona wird wahrscheinlich nicht mehr so sein wie vor Corona.

Was meine Stimmung trotzdem hebt: Ich freue mich über alle Kalenderblätter, die mir bis hierhin gute Laune gebracht haben. Und ich mache mit allen Menschen, die mir etwas bedeuten, jetzt schon Pläne für die schönen Ereignisse, die noch kommen werden. Worauf freust du dich?

20

Warm oder kalt?

Zwanzig

Letzten Winter ist unsere Heizung kaputtgegangen. Draußen war es so kalt, dass die Pfützen zufroren, aber drinnen war es so warm wie im Hochsommer. Die Heizung arbeitete auf Hochtouren und ließ sich nicht ausstellen. Wir liefen in kurzen Hosen und T-Shirts durch die Zimmer. Und ich fragte mich: Was passiert, wenn es noch heißer wird? Wie in einer Sauna? Was könnten wir noch tun, wenn wir schon alles ausgezogen hätten?

Und wie wäre es umgekehrt? Was, wenn die Heizung mitten im kältesten Monat einfach aufhören würde zu funktionieren? Wir könnten uns Lage um Lage wärmer anziehen, während der Winter bei uns einzieht. Wir würden zehn Paar Socken an den Füßen tragen, fünf Hosen an den Beinen, zwei gefütterte Mäntel überziehen und wären so dick eingepackt, dass wir durch keine Tür mehr passten. Bei jedem Ausatmen würden sich kleine Wölkchen vor unseren Gesichtern bilden. Und bei jedem Einatmen hätten wir das Gefühl, der Schleim in der Nase gefriert, wenn auch nur für einen kurzen Moment.

Findest du warm oder kalt angenehmer? Und wie sieht es aus, wenn es nicht um die Raumtemperatur geht? Wie ist es etwa bei Kuchen? Lieber warm aus dem Ofen oder frisch aus dem Kühlschrank? Oder kommt es auf den Kuchen an? Duschst du lieber warm oder kalt? Hast du mal getestet, wie es sich anfühlt, wenn du das warme Wasser ausstellst und der Duschstrahl immer kälter wird? Als ich das zum ersten Mal ausprobiert habe, fiel es mir erst wirklich schwer. Aber mit jedem Mal ging es leichter und ich konnte das kalte Wasser immer entspannter ertragen. Ich habe auch gemerkt: Mir gefällt am besten der Wechsel von einer Temperatur zur anderen? Wie ist es bei dir?

21

Was ist das seltsamste Geräusch, das du je gehört hast?

Einundzwanzig

Hin und wieder kommt es vor, dass ich mein Telefon aufräume. Das heißt, ich trenne mich von doppelten Fotos und unbenutzten Apps. Und ich lösche alte Tonaufnahmen. Ich spreche nämlich ganz oft kurze Ideen in mein Telefon oder nehme Geräusche auf, die mir begegnen. Wie zum Beispiel im Winter das Klappern der Äste, wenn der Wind so leise ist, dass man ihn nicht hört, aber stark genug weht, dass er die kahlen Zweige hoch in den Wipfeln der Bäume aneinanderschlägt. Weil die Titel dieser Ton-Dateien meist nur aus dem Datum und der Uhrzeit der Aufnahme bestehen, muss ich mir alle meine Sprachmemos anhören, um zu wissen, welche ich löschen will.

Vor einiger Zeit stieß ich auf eine Datei, die ich drei Jahre zuvor aufgenommen haben musste. Das Datum sagte mir überhaupt nichts. Deshalb tippte ich auf „Play" und lauschte. Ich konnte keine menschlichen Stimmen erkennen, keine Naturgeräusche oder Musikinstrumente. Es waren die seltsamsten und gruseligsten Töne, die ich jemals gehört hatte. Sie klangen wie Geisterstimmen. Mir ließ diese Aufnahme keine Ruhe. Ich überprüfte in meinem Kalender, wo ich an diesem Tag gewesen war. Und dann musste ich sehr lachen! Die Aufnahme hatte ich gemacht, als ich auf einem Konzert meiner Schwägerin war. Sie sang in der Kölner Philharmonie bei einer seltenen Aufführung des Stücks *Mikrophonie II* von Karlheinz Stockhausen. Keine Geister, nur sehr interessante Musik.

Was macht Geräusche zu seltsamen Geräuschen? Passen sie manchmal einfach nicht zur Uhrzeit, wie Vogelgezwitscher bei Nacht? Oder liegt es nur am besonderen Klang, etwa wenn du einen Stein auf einen gefrorenen See wirfst? Wenn du das noch nie gehört hast, musst du es unbedingt mal ausprobieren!

22

Robert fragt:

Auf welchen deiner Sinne könntest du am ehesten verzichten?

Zweiundzwanzig

Was sind eigentlich unsere Sinne und wozu benötigen wir sie? Das Wichtigste vorab: Du bist ein Gehirn! Du liegst sicher eingepackt in einer Knochenschale und hast keine direkte Verbindung zur Außenwelt. Alles, was du von der Welt weißt, hast du dir selbst zusammengereimt – und zwar aus den Signalen, die bei dir ankommen. Diese Signale stammen von anderen Teilen deines Körpers. Wenn zum Beispiel Licht auf bestimmte Stellen in deinem Auge trifft, dann werden diese Stellen gereizt und leiten den Reiz über Nerven an dich weiter. Und du deutest diese Reize und denkst: Was für ein hübsches Rosa diese Blume hat. Natürlich musstest du vorher erst einmal verstehen, was „rosa“ bedeutet und was eigentlich eine „Blume“ ist. Glücklicherweise bist du ein Gehirn, das sehr schnell lernt.

Aus allen Signalen, die dich erreichen, machst du dir eine Vorstellung der Welt um dich herum. Das heißt, in dir – im Gehirn – erschaffst du aus vielen Nervenreizen das Erlebnis, wie Blumen aussehen und wie sie riechen, wie sich Fell anfühlt, wie sich Schnurren anhört und wie Schokolade schmeckt. Dafür gibt es deine Sinne: Damit du, Gehirn, eine Ahnung davon bekommst, was um dich herum passiert und wie du dich am besten verhältst, damit es dir weiter gut geht.

Wenn du es dir aussuchen könntest, würdest du eher aufs Sehen verzichten? Aufs Hören? Schmecken, Riechen, Tasten? Was, denkst du, wäre der Sinn, der am ehesten von einem anderen Sinn ausgeglichen werden könnte? Und welcher Sinn wäre für dich unersetzlich? Warum?

Wenn ich mich entscheiden müsste, würde ich am ehesten auf meinen Geruchssinn verzichten. Das ist der Sinn, dessen Fehlen mein Leben am wenigsten verändern würde. Meine Nase ist nicht die beste.

Danke vielmals, Robert!

23

Welchen Spitznamen hättest du gern?

Dreiundzwanzig

Ich hatte nie einen Spitznamen, der wirklich hängen geblieben ist. Allerhöchstens wurde ich mal wie ein Vogel genannt: Ralle. Rallen sind kleine Bodenvögel, wie zum Beispiel das Blesshuhn. Zugegeben, ich bin zeitweise ein bisschen blässlich, aber ich kann mir nicht vorstellen, dass das meine herausragende Eigenschaft ist, die solch einen Namen rechtfertigen würde. Ralle ist kein Spitzname, mit dem man angeben könnte. *Danger* oder *Newton* oder von mir aus auch *Sportnuss* – das sind Namen, die man mir gern laut auf der Straße entgegenbrüllen könnte.

Hast du einen Spitznamen? Bist du mit ihm zufrieden? Wenn du dir überlegst, dass Spitznamen ein besonderes Merkmal oder ein Talent betonen, findest du dich wieder? Oder wäre es dir lieber, die Leute würden sich auf eine andere Besonderheit von dir konzentrieren? Oder vielleicht einfach nur deinen Namen auf eine interessante Art verkürzen? Hast du dir schon mal selbst Namen für dich ausgedacht? Vielleicht weil du dich irgendwo im Internet neu anmelden musstest? Gibt es Namen, die dir im Gedächtnis bleiben? Warum? Liegt es am Klang? Ist es das Bild, das der Name hervorruft? Was gehört für dich zu einem perfekten Spitznamen? Und was spricht dagegen, dir selbst einen zu geben? Außer vielleicht, dass niemand sonst ihn benutzen wird.

24

Nina fragt:

Hast du lieber echte oder künstliche Kerzen am Weihnachtsbaum?

Vierundzwanzig

Weihnachten. Draußen ist es dunkel, vielleicht sogar so kalt, dass es geschneit hat. Du sitzt drinnen, zusammen mit den Menschen, die dir viel bedeuten. Der ganze Raum riecht nach Tanne, vielleicht mischt sich der Duft von Orangen und Nelken dazu. Du trinkst einen heißen Kakao und knabberst ein paar Plätzchen. Die Kerzen auf dem Weihnachtsbaum verbreiten ein warmes, flackerndes Licht. Wenn jetzt der Strom ausfallen sollte, würde dir das nicht auffallen, denn die Kerzen sind echte Kerzen. Wer das einmal kennengelernt hat, freut sich jedes Jahr aufs Neue, wenn endlich wieder Weihnachten ist.

Trotzdem schmücken bei uns zu Hause keine echten Kerzen den Weihnachtsbaum – und das gefällt nicht allen in der Familie, das kannst du mir glauben. Jedes Jahr diskutieren wir, ob es nicht doch möglich wäre. Das Problem bei echten Kerzen ist, dass sie nur mit echtem Feuer funktionieren. Und das hat die dumme Angewohnheit, sich schnell ausbreiten zu wollen, gern auch über den kompletten Baum. Und da es sich ja schon mal auf den Weg gemacht hat, nimmt es auch direkt den gesamten Raum in Beschlag. Weihnachten ist dann überhaupt nicht mehr gemütlich, sondern sehr gefährlich. Und da wir bei uns in der Familie Rücksicht auf die Angsthasen nehmen, also auf mich, bleiben wir bei der LED-Beleuchtung.

Denn auch wenn die echten Kerzen eine ganz eigene Stimmung verbreiten, würde ich wahrscheinlich sehr angespannt am Wassereimer sitzen, immer löschbereit, falls doch was passiert. Und das ist dann für den Rest der Familie nicht sehr weihnachtlich.

Wie ist es bei dir zu Hause? Was machen Feste für dich erst richtig schön? Das gilt nicht nur für Weihnachten oder das Fest des Fastenbrechens oder Chanukka. Welche Feste sind dir wichtig?

♡-lichen Dank, Nina!

25

Alma fragt:

Wenn du über einer Schlucht baumeln würdest, hättest du lieber ein Luftkissen unter dir oder eine Hand, die dich immer retten würde?

Fünfundzwanzig

Über einer Schlucht zu baumeln, ist kein schönes Gefühl. Ich kann das ansatzweise nachvollziehen, denn für die Sendung *Die beste Klasse Deutschlands* saß ich mal auf einer Schaukel, die in dreißig Metern Höhe an einem Stahlkran hing. Das Experiment sollte klären: Wie lang darf das Seil höchstens sein, damit man schaukeln kann?

Das war keine angenehme Situation. Unter mir klaffte die Tiefe. Über mir war nur der Kran, an dem ich mit zwei dünnen Stahlseilen befestigt war. Vom Schaukeln in so großer Höhe wurde mir ein bisschen übel. Abgesehen davon, dass es sehr schwierig ist, überhaupt ins Schaukeln zu kommen, wenn man sich nicht abstoßen kann.

Zurück zur Frage. Es kommt natürlich auf die Tiefe der Schlucht an. Und darauf, wie groß das Kissen ist, das mich auffangen würde. Wenn das Kissen luftig, weich und groß genug ist, dass ich es auf jeden Fall treffe, wenn ich unten aufkomme, dann würde ich mich fürs Kissen entscheiden.

Eine Hand, die mich immer rettet, bedeutet, dass ich niemals fallen könnte. Fallen kann aber ein ganz schönes Gefühl sein. Es gibt da, wo ich wohne, einen Freizeitpark mit einem Freifallturm. Man wird auf einem Sitz festgeschnallt und danach knapp 50 Meter hoch in die Luft katapultiert. Sobald man oben ist, gibt es eine kleine Pause, in der man kurz durchatmen kann – und schon wird die Bremse gelöst und man rauscht wie im freien Fall hinab in die Tiefe. Mir macht das sehr viel Spaß, aber ich kann verstehen, wenn es Menschen gibt, die sagen: „Bist du bescheuert? So was freiwillig zu machen!"

Magst du Nervenkitzel? Oder ist das nichts für dich? Was brauchst du, um dich sicher zu fühlen?

26

Was ist dein Spleen?

Sechsundzwanzig

„Schplehn“? Nie gehört? Aber du kennst es bestimmt. Tatsächlich wird das Wort „Spliehn“ ausgesprochen. Ein Spleen ist eine Marotte oder eine Angewohnheit, die ein wenig eigenwillig ist.

Wenn du zum Beispiel Gummibärchen zuerst nach Farben sortierst, bevor du sie isst, das ist ein Spleen. Oder wenn du Schokoriegel nicht einfach abbeißt, sondern sie schichtweise abknabberst. Oder wenn du mit den Händen Furzgeräusche machst. Oder wenn du beim Lesen die Mimik der beschriebenen Personen imitierst. Oder wenn du im Buchladen nie die obersten Bücher vom Stapel kaufst. Oder wenn du deine Brille demonstrativ mit dem ausgestreckten Mittelfinger die Nase wieder hochschiebst. Oder wenn du die Zahlen auf Nummernschildern mit 11 malnimmst. (Hört sich schwieriger an, als es ist. Du musst einfach nur die Quersumme einer Zahl zwischen die beiden Ziffern dieser Zahl quetschen. Zum Beispiel 23 × 11. Die Quersumme von 23 ist 2 + 3 = 5. Die 5 zwischen die 2 und die 3 gesetzt, ergibt 253. Und das ist das Ergebnis von 23 × 11. So einfach lassen sich Zahlen mit 11 multiplizieren.)

Das ist nur eine kleine Auswahl meiner alltäglichen Marotten. Diese Verhaltensweisen sind nichts Schlimmes, ich könnte jederzeit damit aufhören. Dennoch sind Spleens irgendwie auch ein Teil der Persönlichkeit.

Welche „liebenswerten Eigenschaften“ hast du? Helfen dir deine Spleens? Kannst du eventuell besser nachdenken, wenn du eine Haarsträhne mit deinen Fingern verdrehst? Es liegt vielleicht daran, dass unser Gehirn manchmal ein wenig Entlastung benötigt, wenn wir angespannt oder gestresst sind. Hast du schon mal die Menschen um dich herum gefragt, ob du Spleens hast, die dir noch gar nicht aufgefallen sind?

27

Sofort loslegen oder erst die Anleitung lesen?

Siebenundzwanzig

In dem Buch *Die geheime Benedict-Gesellschaft* von Trenton Lee Stewart gibt es eine Szene, in der die Hauptfigur Reynie mit vielen anderen Kindern einen unglaublich schwierigen Test schreiben muss. Zu Beginn des Tests wird die Anweisung gegeben, dass die Kinder alle Fragen durchlesen müssen und erst danach die Fragen beantworten dürfen. Die meisten Kinder ignorieren diese Anleitung und scheitern an den unmöglich schwierigen Fragen. Reynie aber, der tatsächlich zuerst alle Fragen durchliest, bemerkt schnell, dass es zu jeder Frage, deren Antwort er nicht weiß, eine zweite Frage weiter hinten im Test gibt, in der die Antwort Teil der Frage ist. So besteht er den Test, obwohl er keine der Antworten von sich aus wusste.

Wenn ich ein neues Gerät zum ersten Mal benutze, lese ich selten die Anleitung. Ich vertraue darauf, dass gute Geräte selbsterklärend sind. Ein Vorteil beim Ausprobieren ist, dass ich mir beim Herausfinden viel besser merken kann, wie etwas funktioniert. Dinge, die nicht so gestaltet sind, dass sie sich mit ein wenig gesundem Menschenverstand benutzen lassen, fallen dabei sofort unangenehm auf – und überleben bei mir oft nicht lange.

Es gibt Ausnahmen. Bei neuen Brettspielen lese ich vorher die Regeln durch. Sonst wüsste ich nicht, wie das Spiel gespielt wird. Und wenn ich einen neuen Kuchen backe, studiere ich auch zuerst das Rezept, lege mir alles zurecht und fange dann erst an mit der Zubereitung.

Legst du einfach los? Oder bereitest du erst alles vor, damit du keine unangenehmen Überraschungen erlebst? Wie ist es, wenn es keine Anleitung gibt? Handelst du nach dem Prinzip von Versuch und Irrtum? Oder möchtest du lieber alles richtig machen?

28

Thorsten fragt:

Wenn du dir wünschen könntest, etwas sofort perfekt zu können, was wäre das und warum?

Achtundzwanzig

Danke dir, Thorsten!

Es müsste auf jeden Fall etwas sein, das mir auch dann noch Spaß macht, wenn ich es perfekt beherrsche. Bei Computerspielen zum Beispiel finde ich es auf der einen Seite super, wenn ich so gut bin, dass ich alle Level durchspielen kann. Auf der anderen Seite – und das ist schade – verliere ich an diesen Spielen schnell die Lust, was zur Folge hat, dass alle meine hart trainierten Fähigkeiten nutzlos werden. Geht es dir auch so? Was würde dir noch Spaß machen, wenn du perfekt darin wärst? Ist der Weg zur Perfektion nicht genau das, was motiviert?

Ich habe mal eine Kanutour in der schwedischen Wildnis gemacht. Wir hatten genügend Knäckebrot, Konserven und diverse Lebensmittel in Trockenpulverform dabei, um sieben Tage einigermaßen satt über die Runden zu kommen. Diese Tour war nicht als Gourmetreise geplant, wurde aber eine. Denn ein Teilnehmer war Chefkoch. Er zauberte aus unseren Zutaten unerwartete Gerichte und wusste auch, welche Pflanzen und Beeren wir sammeln und essen konnten. Das würde ich auch gern so perfekt können.

Natürlich bedeutet „etwas perfekt zu können" auch, keine Fehler mehr zu machen. Das allerdings ist etwas, das ich gar nicht so gut finde. Denn Fehler sorgen oft dafür, dass etwas Neues entsteht. Wenn ich alles perfekt können würde, wäre es dann nicht viel schwieriger, Neues zu entdecken?

Deshalb ist mein Wunsch: Ich möchte perfekt Fehler machen können. Das heißt, ich möchte keine Angst davor haben, etwas falsch zu machen. Und gleichzeitig möchte ich die Fähigkeit haben, aus den Fehlern etwas Neues zu schaffen. Das wäre wirklich etwas, das mir immer Spaß machen würde.

Eigentlich ist das ja keine Eigenschaft, für die man lange üben muss, oder?

29

Timon fragt:

Wovor hast du am meisten Angst?

Neunundzwanzig

Vorm Zahnarzt? Einem Referat? Vor Corona? Spinnen? Staubsaugern? Angst scheint ein sehr anspruchsloses Gefühl zu sein, denn wir können vor allem Möglichen und Unmöglichen Angst haben. Es gibt Menschen, die haben Angst davor, Angst zu haben.

Wenn du mal richtig Angst hattest, dann kam es dir vielleicht so vor, als wäre dein Körper wie gelähmt, weil du dich nicht bewegen konntest. Womöglich hast du angefangen zu schwitzen oder zu stottern. Angst kann sich anfühlen wie innere Unruhe, wie große Anspannung oder schlicht wie Panik. Gefühle, die man schnell wieder loswerden möchte.

Sollte man dann überhaupt darüber nachdenken, was am meisten Angst macht? Ja! Es kann helfen zu wissen, was genau die Angst verursacht. Das ist der erste Schritt, um weniger Angst zu haben. Vor allem, wenn die Angst nicht durch einen Braunbären ausgelöst wird, der direkt vor dir steht und dich fressen will, sondern eher schattenhafte Gründe hat.

In der Schulzeit überkam mich eines Abends richtig Panik wegen der Mathearbeit am nächsten Tag. Ich habe geweint vor Angst. Mein Vater fragte mich, wovor genau ich mich fürchte. Ich sagte: „Dass ich eine Sechs schreibe!“ – „Und dann? Was kann im schlimmsten Fall passieren?“ – „Schlechte Note auf dem Zeugnis!“ – „Und dann?“ – „Dann könnte ich sitzen bleiben.“ – „Und dann?“ – „Dann müsste ich ein Jahr länger zur Schule gehen.“ – „Und dann?“ – „Tja. Das war’s eigentlich.“ Mit jeder Und-dann-Frage wurde meine Angst kleiner.

Die meisten Ängste, die ich habe, kommen mir vor wie Rumpelstilzchen: Sobald ich ihren Namen nennen kann, lösen sie sich in Luft auf und lassen mich in Ruhe. Was hilft dir gegen Angst?

30

Was ist dein Lieblingskleidungsstück?

Dreißig

Es gibt, glaube ich, zwei Arten von Lieblingskleidungsstücken. Manche Teile trage ich eine gewisse Zeit fast täglich. Ein bestimmtes T-Shirt habe ich zum Beispiel die ganzen Sommerferien lang angehabt. Auf einmal kann ich es dann nicht mehr sehen, im schlimmsten Fall auch nicht mehr riechen, und lege es für immer weg.

Dann gibt es Kleidungsstücke, die wie Kuscheltiere sind: voll mit Gerüchen, die kein Waschgang mehr rausbekommt. Sie sind fadenscheinig oder haben Löcher, sind verblichen oder fleckig, aus der Form geraten oder einfach nur komplett aus der Mode. Nie würde ich mich freiwillig von ihnen trennen, obwohl (oder gerade weil) sie so alt und abgegriffen sind. So etwas kennst du bestimmt auch.

Hast du dich schon mal gefragt, was ein Lieblingsstück zu deinem Lieblingsstück werden lässt? Es kann der Schnitt sein, der dir einfach perfekt passt. Es kann die Farbe sein, die einzigartig ist. Es kann der Aufdruck sein, der für dich eine tiefere Bedeutung hat. Es gibt aber auch Eigenschaften eines Lieblingskleidungsstücks, die man nicht sofort sieht. Die Erinnerung an den Ort, an dem du ein besonderes T-Shirt gekauft hast. Die Abenteuer, die du erlebt hast, oder die Menschen, die du kennengelernt hast, während du eine bestimmte Hose getragen hast. Oder aber das Teil passt dir selbst gar nicht, weil du es von einem Menschen, der dir viel bedeutet, vererbt bekommen hast. Alles das können Gründe sein, weshalb ein Stück Stoff zu einem Lieblingsstück wird.

Hast du schon mal ein Kleidungsstück, das dir sehr wichtig war, verschenkt? Würdest du das noch mal machen? Denkst du, man kann mehrere Lieblingsstücke auf einmal haben? Oder kann es nur eines geben?

31

Buchrücken von oben oder von unten beschriften?

Einunddreißig

Es gibt die Vorderseite des Buchs mit dem Titel und manchmal einem netten Bild. Es gibt die Rückseite des Buchs, auf der meist der Buchinhalt beschrieben ist. Und es gibt das Dazwischen – also den Teil des Buchs, an dem die Seiten befestigt sind. Das ist der Buchrücken. Auf dem steht normalerweise auch der Buchtitel. Das ist sehr praktisch, wenn man mehrere Bücher besitzt und die in ein Bücherregal stellt. Ohne es aus dem Regal ziehen zu müssen, kann man am Buchrücken ablesen, um welches Buch es sich handelt. Der Titel kann dabei von unten nach oben geschrieben sein, wie bei diesem Buch. Es gibt aber auch Bücher, deren Titel von oben nach unten geschrieben sind. Vielleicht hast du sogar beide Arten von Buchrücken in deinem Regal stehen.

Die Beschriftung von unten nach oben ist sehr praktisch, wenn du ein Buch im Regal suchst – vor allem, wenn du Rechtshänder bist. Denn wenn du vor deinem Regal stehst, den Kopf so hältst, dass du die Titel gut lesen kannst, und dann das richtige Buch herausziehen möchtest, geht das mit der rechten Hand ganz entspannt, weil dein Kopf nach links geneigt ist und so nicht die rechte Schulter blockiert. Das ist einfach praktisch.

Den Vorteil von Buchrücken, die von oben nach unten beschriftet sind, siehst du sofort, wenn du diese Bücher auf deinem Nachttisch stapelst: Die Titelseite liegt oben und der Buchrücken ist im Liegen problemlos lesbar. Anders als etwa bei diesem Buch hier steht dann der Text nicht auf dem Kopf. Das ist einfach schön.

Fallen dir andere Gegenstände ein, die ganz praktisch sind, aber nicht unbedingt schön? Oder bei denen es umgekehrt ist? Wenn du dich entscheiden müsstest: lieber praktisch oder lieber schön? Ich hätte am liebsten immer beides gleichzeitig.

32

Wann hast du das letzte Mal einen anderen Menschen auf den Arm genommen?

Zweiunddreißig

Ich könnte mir vorstellen, dass die Antwort sehr unterschiedlich ausfällt, je nachdem, wen du fragst. Eltern mit kleinen Kindern sagen wahrscheinlich: „Gerade eben habe ich mein Kind auf den Arm genommen, als es gestolpert und hingefallen ist."

Und Kinder von großen Eltern sagen vielleicht: „Gerade eben habe ich meine Eltern auf den Arm genommen." – Wie bitte, was? – „Als ich ihnen erzählt habe, dass unser Vermieter gerade an der Tür steht und im Keller mal nach dem Rechten sehen will."

Das ist mir tatsächlich mal an einem Samstagmorgen passiert, an dem ich etwas länger schlafen wollte. Es klingelte an der Tür. Kurz darauf kamen meine Kinder ins Schlafzimmer und erzählten mir von unserem Vermieter und dem Keller. Ich war sofort schockgeweckt – und habe erst am frechen Grinsen gemerkt, dass es der 1. April war und gar kein Vermieter vor unserer Tür gestanden hatte.

Die Redewendung „jemanden auf den Arm nehmen" im Sinn von „jemandem einen Streich spielen" gibt es ungefähr seit Mitte des 19. Jahrhunderts. Und sie kommt tatsächlich vom echten „auf den Arm nehmen". Kinder wurden damals nicht besonders ernst genommen, man nahm sie aber – wörtlich – auf den Arm. Und wenn ein Mensch verspottet oder hochgenommen wurde, dann wurde er im übertragenen Sinn wie ein Kind behandelt: Man nahm ihn auch nicht ernst.

Aber ist es eigentlich nicht umgekehrt? Um jemanden aufzuziehen, muss man sich doch Gedanken über den anderen machen und sich genau überlegen, auf welchen Streich er hereinfällt und welchen er sofort durchschaut. Oder wie siehst du das? Macht es dir Spaß, andere an der Nase herumzuführen? Und wie ist es, wenn du selbst auf den Arm genommen wirst?

33

Teilen oder aussuchen?

Dreiunddreißig

Stell dir vor, wir beide wollen uns ein Stück Bienenstich teilen. Ich schneide den Kuchen in zwei Teile und nehme mir das etwas größere. Dann bemerke ich, dass du mich ganz empört anschaust, und sage zu dir: „Ich weiß, dass du an meiner Stelle das kleinere Stück genommen hättest."

„Das stimmt", antwortest du.

Und während du vergeblich darauf wartest, dass ich es mir anders überlege und die Kuchenstücke austausche, sage ich: „Siehst du, so hat jeder das, was er will."

Das ist natürlich nur ein Gedankenspiel. So etwas Ungerechtes würde ich nicht machen. Denn zum Glück gibt es ein ganz einfaches Prinzip, wie ein Kuchen so zwischen zwei Menschen aufgeteilt werden kann, dass alle glücklich sind: Der eine teilt, der andere sucht aus.

Wenn ich als Teiler weiß, dass du dir dein Stück zuerst nehmen darfst, werde ich natürlich sehr genau darauf achten, dass beide Stücke gleich groß sind. Du auf der anderen Seite musst dir keine Gedanken darüber machen, ob ich mir einen Vorteil verschaffe, wenn ich ein Stück größer schneide als das andere. Denn du entscheidest, wer welches Stück bekommt.

Dieses Prinzip hat zwischen meiner Schwester und mir immer ausgezeichnet funktioniert. Nur die Frage, wer teilt und wer aussucht, mussten wir ständig neu verhandeln. Würdest du lieber versuchen, den Kuchen so gleichmäßig wie möglich zu teilen, oder würdest du dir die beiden Stücke lieber sehr genau ansehen, um dir dann das zu nehmen, was dir am meisten zusagt?

Kennst du noch andere Wege, etwas so aufzuteilen, dass niemand das Gefühl hat, zu kurz zu kommen? Wie macht ihr das bei euch zu Hause? Und was, wenn der Kuchen unter drei Leuten aufgeteilt werden soll?

34

Marius fragt:

Wieso will man immer das, was man nicht haben kann?

Vierunddreißig

Mein Dank an dich, Marius!

Diese Frage ist so alt wie die Antike. Oder besser gesagt: Darüber schrieb Ovid schon vor über 2000 Jahren in einem seiner *Liebesgedichte*: „Fertilior seges est alienis semper in agris."[1] Auf Deutsch: „Die Ernte ist immer fruchtbarer auf den Feldern anderer." Heutzutage sagt man auch gern: Das Gras ist immer grüner auf der anderen Seite des Zaunes.

Nur warum ist das so? Liegt es daran, dass uns vorwiegend die Dinge kostbar und besitzenswert erscheinen, die knapp sind? Wenn also jemand anderes etwas hat, das du nicht hast, dann zeigt das genau das Wesen von Knappheit und Seltenheit. Denn wenn es nicht selten wäre, sondern frei verfügbar, dann würdest du es ja besitzen. Seltenheit kann ein Grund sein, warum du dich dazu hingezogen fühlst.

Ein anderer Grund könnte sein, dass unser Gehirn sehr auf Glücksgefühle steht. Etwas zu besitzen, das neu und aufregend erscheint, kann genau solche Gefühle auslösen. Deshalb wollen wir das bekommen, was wir nicht haben. Das Problem ist: Wenn die Dinge nicht mehr ganz so neu und aufregend sind, können die Glücksgefühle und die Zufriedenheit schnell wieder vergehen – und wir halten Ausschau nach dem nächsten Ding, das wir nicht haben.

Denkst du, man kann seine Haltung ändern? Sind wir glücklich, wenn wir das bekommen, was wir wollen? Geht es auch umgekehrt: Können wir glücklich sein, wenn wir das wollen, was wir bekommen? Oder beides? Wo ist der Unterschied?

Es gibt einen Witz, den ich total mag: Eine Kuh auf der einen Wiese ruft einer Kuh auf der anderen Wiese zu – die mit dem vermeintlich grüneren Gras: „Hey, wie komme ich auf die andere Seite?" Die andere Kuh schaut verwirrt herüber und antwortet: „Du bist doch auf der anderen Seite!"

35

Welches Emoji?

Fünfunddreißig

Wenn wir etwas aufschreiben wollen, benutzen wir unterschiedliche Kombinationen von Zeichen. Häufig bilden wir aus Buchstaben ein Wort, das eine bestimmte Bedeutung hat. Die fünf Buchstaben A, H, L, P, R stehen für mich, wenn sie nicht alphabetisch sortiert, sondern in dieser Reihenfolge angeordnet sind: RALPH. Mit den 26 Buchstaben in unserem Alphabet können wir jeden Gedanken aufschreiben, den wir haben. Allerdings kann das manchmal lange dauern. Schwierig ist es, wenn man seine Gefühle anderen Menschen mitteilen möchte, deren Sprache man nicht spricht. Dafür gibt es seit Ende der 1990er-Jahre *Emojis*. Sie wurden in Japan entwickelt und sahen im Vergleich zu heute viel simpler aus. Vor den Emojis gab es auch schon Zeichenfolgen, die Gefühle auf einfachste Art ausdrücken sollten. *Emoticons* – dieses Wort setzt sich zusammen aus „Emotion“ und „Icon“ – tauchten Anfang der 1980er-Jahre in Computernetzwerken auf. Das Allererste war :-)

(Wenn du den Kopf schräg hältst, erkennst du zwei Augen, eine Nase und einen lächelnden Mund. Manchmal wird die Nase weggelassen, oder Brillenträger benutzen statt des Doppelpunkts eine Acht.)

Hundert Jahre davor, also lange bevor es Computer gab, setzten manche Buchhersteller schon Satzzeichen oder Buchstaben so, dass sie Bilder erzeugten, die aussahen wie Emoticons.

Gibt es Emojis oder Emoticons, die du regelmäßig benutzt? Welche hast du noch nie verwendet? Freust du dich, wenn dir jemand ein <3 schickt? Hast du Geheim-Emojis, denen du eine ganz eigene Bedeutung gegeben hast, die nur du kennst und deine Freunde? Gibt es ein Emoji, das du statt deines Namens nehmen könntest, und alle wüssten sofort, wer geschrieben hat? Bei mir wäre es: 8D.

36

Vincent fragt:

Was träumst du am liebsten?

Sechsunddreißig

Wie ein Vogel zu fliegen, wie ein Fisch zu tauchen oder sogar mit Tieren zu reden – in Träumen ist alles möglich.

Meine Lieblingsträume sind die, in denen ich unglaubliche Geschichten erlebe, die wie Actionfilme sind. Ich habe schon öfter riesigen Wellen dabei zugesehen, wie sie den Strand überfluten. Hin und wieder bin ich Teil einer Raumschiff-Besatzung im Weltall und fliege durch Asteroidenfelder. Aber am allerliebsten träume ich etwas, das sehr unspektakulär klingt: Ich bin in einem Haus – das kann eins sein, das ich kenne, es kann aber auch ein mir völlig unbekanntes Haus sein –, und dort entdecke ich neue Räume. Zimmer, die bislang verborgen waren. Manchmal muss ich mich durch enge Gänge zwängen. Manchmal gibt es versteckte Türen, hinter denen das Haus weitergeht. Manchmal verbirgt sich hinter der Kellertreppe eine weitere Treppe, die mir vorher noch gar nicht aufgefallen war. Manchmal sind die Räume tief in der Erde. Manchmal im Dachgeschoss, mit einem unglaublichen Ausblick nach draußen über die Landschaft. Und nicht selten kommt es vor, dass diese bis dahin unentdeckten Räume ziemlich renovierungsbedürftig sind. Wenn ich so darüber nachdenke, würde ich am liebsten sofort schlafen gehen und von geheimen Zimmern träumen, die ich entdecken kann. Ich mag die Vorstellung, dass selbst so starre Gebilde wie Häuser viel mehr zu bieten haben, als von außen zu erkennen ist.

Ich frage mich, was diese Vorliebe wohl über mein Innenleben verrät. Was denkst du? Haben deine Lieblingsträume eine tiefere Bedeutung? Warum genau finden wir bestimmte Bilder, Szenen oder Situationen so verlockend? Können Lieblingsträume irgendwann langweilig werden?

Thank you, Vincent!

37

Festhalten oder loslassen?

Siebenunddreißig

Im Sommer beim Burgenbauen am Strand ist mir etwas Merkwürdiges aufgefallen. Auf meiner Hand lag ein Haufen Sand. Ich wollte ihn festhalten und schloss meine Hand. Da rieselte der gesamte Sand langsam durch meine Finger und war weg. Ich nahm einen zweiten Haufen Sand in die Hand – und dieses Mal schloss ich sie nicht. Der Sand blieb lose auf meiner Hand liegen. Ist das bei allem so? Wenn ich also möchte, dass etwas bei mir bleibt, sollte ich es dann nicht festhalten?

Und wie ist es bei Menschen? Ich hatte mal einen guten Freund, den wollte ich immer in meiner Nähe haben. Am liebsten hätte ich ihn die ganze Zeit festgehalten. Bei ihm wurde das Bedürfnis immer größer, da erst recht wegzuwollen. Es gab auch Zeiten, in denen ich ganz froh war, alleine zu sein, und ließ einfach los. Meistens blieb er dann immer in der Nähe.

Es scheint widersprüchlich zu sein, dass festhalten und loslassen die genau entgegengesetzten Wirkungen haben. Oder kommt mir das nur so vor? Wenn ein anderer Mensch fünfmal weggeht und fünfmal wiederkommt, dann kann ich das unterschiedlich wahrnehmen. Bin ich ein „Festhalter", dann ist jedes Weggehen ein Verlust, weil es genau das Gegenteil von dem ist, was ich erreichen wollte. Bin ich ein „Loslasser", dann erlaube ich das Weggehen, und jedes Zurückkommen ist ein Gewinn.

Das darf man natürlich nicht verwechseln mit Situationen, in denen sich ein anderer darauf verlässt, dass man ihn festhält, damit er nicht in einen Abgrund stürzt. Auch wenn eine Freundschaft beim Streiten anstrengend wird, kann es gut sein, an ihr festzuhalten und dann bei der Versöhnung zu denken: Gut, dass ich nicht losgelassen habe.

38

Was fasst du am liebsten an?

Achtunddreißig

Ich liebe die weiche Haut von Pfirsichen! Aber ich muss gestehen, allein durchs Nachdenken darüber, was ich gern berühre, bin ich nicht weit gekommen. Stattdessen musste ich mit ganz „wachen“ Fingern durchs Haus und den Garten gehen und habe alles Mögliche angefasst. Dabei ist mir aufgefallen, dass ich im täglichen Leben kaum bewusst bemerke, wie sich das, was ich berühre, anfühlt. Probier's mal aus! Wenn dir nicht sofort einfällt, was du am liebsten anfasst, ertaste doch mal, wie sich die Welt um dich herum anfühlt.

Warum fühlt sich Watte weich an, Schleifpapier aber rau? Und wieso kann dieses Schleifpapier aus einem Stück splittrigem Holz etwas ganz Handschmeichlerisches machen? Spannend ist auch, dass zwei ganz unterschiedliche „Anfühlungen“ – so nenne ich das, was die Finger ertasten, und den Eindruck, der dabei im Gehirn entsteht, wie sich etwas anfühlt – zusammengemischt etwas völlig Neues ergeben.

Du könntest zum Beispiel in der Küche ein bisschen Maisstärke mit etwas Wasser vermischen. Im richtigen Verhältnis fühlt sich diese Mixtur nicht nur sehr glatt an, es gibt dabei noch ganz erstaunliche Effekte. Stärke und Wasser zusammen ergeben etwas, das sich *Nicht-Newton'sche Flüssigkeit* nennt. So eine Flüssigkeit reagiert darauf, wie man mit ihr umgeht. Wenn du fest auf das Maisstärke-Wasser-Gemisch drückst, wird es so zäh, dass du daraus einen Klumpen formen kannst. Sobald du nicht mehr draufdrückst, zerfließt dieser Klumpen wie Honig auf der Hand. Das sieht nicht nur traumhaft-unwirklich aus, es fühlt sich auch großartig an. Und es ist eine riesige Sauerei, die aber jeden Fleck wert ist.

Manchmal muss man sich einfach die Hände dreckig machen, oder?

39

Lang überlegen oder schnell entscheiden?

Neununddreißig

In diesem Buch gibt es 38 Kapitel, die ein „oder“ in der Frage haben und bei denen du überlegen kannst, ob du dich für das eine oder das andere entscheidest. Genau wie hier. Manche Entscheidungen sind leicht, weil nicht viel davon abhängt. Zum Beispiel macht es keinen großen Unterschied, welches Kapitel du als Nächstes liest, weil alle gut sind. Wenn es aber darum geht, welchen Beruf du lernen sollst, dann kann das weitreichende Folgen haben und du überlegst eventuell etwas länger. In Gedanken spielst du die verschiedenen Möglichkeiten durch und wägst Vor- und Nachteile ab. Denn du möchtest eine gute Entscheidung treffen. Nur: Was genau ist eigentlich eine gute Entscheidung?

Wenn ich früher in einer fremden Stadt etwas essen wollte, dann stand ich oft vor einem Restaurant und war mir auf einmal nicht mehr sicher: Stolperte ich vielleicht gleich in eine typische Touristenfalle? Mit dem schlechtesten Essen, dafür aber den höchsten Preisen? Vielleicht, dachte ich, gab es ein anderes Restaurant mit einer schöneren Aussicht, netterer Bedienung und besserem Essen. Das hat regelmäßig dazu geführt, dass ich hungrig ins Bett gegangen bin. Zu viel nachgedacht und keinen Entschluss gefasst, weil ich Angst hatte, eine bessere Wahl zu verpassen.

Inzwischen weiß ich, dass nicht jede Wahl, die ich treffe, perfekt ist. Manchmal habe ich Pech, manchmal habe ich Glück, immer aber ist mir klar, dass ich mich nicht zum letzten Mal entschieden habe.

Kann man Entschlussfreudigkeit trainieren? Wie gehst du mit Entscheidungen um, die sich im Nachhinein als schlecht entpuppt haben? Ärgerst du dich für längere Zeit oder sagst du dir: „Was soll's! Mache ich beim nächsten Mal anders.“

40

Charlotte fragt: Was ist normal?

Vierzig

Danke Danke, Charlotte!

Die Frage sieht ganz harmlos aus und einfach: „Normal" ist das, was die Mehrzahl ist. Wenn du drei weiße und ein braunes Ei hast, dann ist weiß in der Überzahl – und normal. Wenn du dagegen ein weißes und drei braune Eier hast, dann ist braun normal. Das würde allerdings bedeuten, dass es keine natürliche Ordnung der Dinge gibt, die festlegt, was normal ist und was nicht. Zahlenverhältnisse können sich nämlich ändern.

Vielleicht lässt sich „normal" anders festlegen. Das, woran wir gewöhnt sind, ist normal. Suppe essen wir mit einem Löffel. Normal. Man könnte sie auch trinken – wäre schneller. Zähne putzen wir, bevor wir ins Bett gehen. Normal. Man könnte sich die Zähne auch im Bett putzen – wäre gemütlicher. Wieso wird etwas zur Gewohnheit und deshalb normal? Wahrscheinlich liegt es daran, welche von mehreren Möglichkeiten wir häufiger machen. Aber auch das kann sich ändern.

Zum Glück ändert sich, was normal ist und was nicht. Es ist noch gar nicht so lange her, da durfte man in jedem Restaurant rauchen. Normal war es auch, Kinder zu schlagen – sogar in der Schule. Und dass Frauen nicht wählen durften, war auch normal.

Wenn du dir diese Beispiele anschaust: Ist es normal, dass sich Zustände verbessern? Oder kann auch eine Verschlechterung normal sein? Laufen diese Veränderungen automatisch ab, oder können wir Menschen bestimmen, was normal werden soll?

Was sollte deiner Meinung nach normal werden? Oder wäre es besser, wenn es keinen Unterschied mehr gibt zwischen normal und nicht normal?

Lustig übrigens: Es gibt nur ein Wort für „normal", aber mindestens drei, um das Gegenteil auszudrücken: „unnormal", „anormal" und „abnormal". Wenn es immer nach der Mehrzahl geht, was ist dann normal?

41

Was ist dein Motto?

Einundvierzig

Ein Motto kann ein Leitsatz sein, ein Slogan, eine Devise oder ein Mantra. Meistens ist ein Motto ein Satz oder ein Spruch, den man sich selbst gibt und nach dem man versucht zu leben. Ein Motto kann auch ein Schlachtruf sein, den eine ganze Gruppe von Menschen verbindet. Mottos finden sich auf Wappen und Flaggen, in Poesiealben und auf Geburtstagskarten, auf T-Shirts und Kappen, auf Postern und Häuserwänden. Mal sind sie lustig, mal ernst, hin und wieder auch französisch – oder alles zusammen.

Eins meiner liebsten Mottos ist der Wahlspruch des *Hosenbandordens*. Das ist eine der ältesten Rittervereinigungen des britischen Königreichs. Gegründet wurde der Orden vom englischen König Eduard III. Und der Wahlspruch kam der Legende nach bei einem Ball in die Welt. Die Gräfin von Salisbury, Catherine Grandison, soll nämlich beim Tanzen ihr blaues Strumpfband verloren haben. Großes Drama. Angeblich wurde diese peinliche Situation durch den König aufgelockert. Er soll sich das Strumpfband an sein Bein gebunden haben. Und dann sagte er: „Honi soit qui mal y pense.“[2] (Gesprochen ungefähr so: „Oni-swa ki-mali poas.“) Auf Deutsch: „Ein Schuft, wer Böses dabei denkt.“ Kannst du dir vorstellen, was das bedeutet? Wäre das ein Motto für dich?

Mein Motto habe ich übrigens aus dem amerikanischen *MAD Magazine*. Dort gab es eine Seite mit Leserbriefen und den gehässigen Antworten der Redaktion, die allesamt mit „live and learn“ endeten: Lebe und lerne. Passt doch. (Hey, auch ein gutes Motto.) Hätte schlimmer kommen können. (Noch ein gutes Motto.) Lässt sich vielleicht aus jedem Satz ein Motto machen? Denkst du, es ist überhaupt sinnvoll, eins zu haben? Warum?

42

Yannic fragt:

Was möchtest du am liebsten von der Welt wissen?

Zweiundvierzig

Als ich das erste Mal diese Frage las, verstand ich sie aus unerklärlichen Gründen so: Was möchtest du am liebsten von der Welt verschwinden sehen? (Vielleicht dachte ich, Orten kann ich keine Frage stellen.)

Dann fiel mir auf, dass ich die Frage auch so verstehen kann: Wenn alle Lebewesen und Nicht-Lebewesen eine Einheit bilden und mir als großer Organismus eine Frage beantworten könnten, was würde ich dann von der Welt wissen wollen?

Lustigerweise erinnert mich das an das Buch *Per Anhalter durch die Galaxis*[3] von Douglas Adams. In dem Buch kommt ein Computer vor, der programmiert wurde, eine Antwort zu finden auf die Frage nach dem Leben, dem Universum und dem ganzen Rest. „Deep Thought“ – so der Name des Computers – rechnete 7,5 Millionen Jahre und gab als Ergebnis „42“ heraus. Das fanden die Wesen, die so lange auf eine Antwort nach dem Sinn des Lebens warteten, nicht besonders befriedigend. Als sie erkannten, dass ihnen nicht einmal die Frage klar war, entwarf „Deep Thought“ einen noch größeren Computer, der die Frage auf die Antwort „42“ berechnen sollte. Im Roman ist unsere Erde mit allen Lebe- und Nicht-Lebewesen dieser Computer.

So kam ich auf folgenden Gedanken. Wenn die Welt mir eine Antwort geben könnte, dann wüsste ich gern: Wenn meine Frage ein Teil von mir ist und ich ein Teil der Welt bin, müsste ich dann die Antwort der Welt nicht schon längst wissen?

Falsch verstandene Fragen faszinieren mich. Die Antworten, die dabei herauskommen, können trotzdem Sinn ergeben. Hast du schon mal gemerkt, dass dein Gehirn allem eine Bedeutung geben möchte? Was könnte das wohl für einen Sinn haben?

43

Wann ist der beste Zeitpunkt?

Dreiundvierzig

Laut einem chinesischen Sprichwort war der richtige Zeitpunkt vor zwanzig Jahren.

„Aber da war ich noch gar nicht auf der Welt", sagst du jetzt vielleicht. Keine Bange, das komplette Sprichwort lautet ungefähr so: „Der beste Zeitpunkt, einen Baum zu pflanzen, war vor zwanzig Jahren. Der zweitbeste Zeitpunkt ist jetzt." Ich spüre den Seufzer der Erleichterung – auch wenn du vielleicht gar keinen Baum pflanzen wolltest. Aber solche Sprichwörter haben oft noch weitere Bedeutungen.

Stell dir vor, du hast kürzlich festgestellt, wie viel Spaß es dir macht, Gitarre zu spielen. Aber du hast schon viele Jahre Musikunterricht geschwänzt und denkst, du hast keine Chance mehr, in einer Band aufgenommen zu werden, weil alle anderen viel besser sind als du. Was hat es für einen Sinn, jetzt noch anzufangen? Alles sinnlos! Du hast dein Leben mit zweifelhaften Entscheidungen vertrödelt und möchtest am liebsten in Selbstmitleid aufgehen. Du greifst zur Gitarre und schreibst einen Song darüber. Aus einem werden zwei – und zwanzig Jahre und fünf Alben später denkst du dir, was für eine gute Entscheidung es war, einfach anzufangen und weiterzumachen.

Ist das Schwierige an „besten Zeitpunkten", dass sie gar nicht greifbar sind? Gibt es keinen „besten Zeitpunkt", weil alle gut sind? Oder ist der beste tatsächlich jetzt?

Was schiebst du schon länger vor dir her? Gehörst du zu den Menschen, die am liebsten an einem Montag mit etwas Neuem starten? Oder am ersten Tag eines Monats? Oder lieber erst an Neujahr? Welche Vorteile hat es, zu warten, statt sofort zu beginnen?

Ansonsten ist der beste Zeitpunkt, den Kuchen aus dem Ofen zu holen, wenn er gut riecht.

44

Simone fragt:

Nutella® mit oder ohne Butter?

Vierundvierzig

Danke & guten Appetit, Simone!

Nutella® – oder jede andere Nuss-Nugat-Creme – bringt von sich aus schon viel Fett mit. Zu viel Fett ist auf Dauer ungesund. Trotzdem habe ich für dieses Buch im Selbstversuch den Test gemacht: Schmeckt Nuss-Nugat-Creme mit oder ohne Butter besser?

Ich habe mir – ohne Rücksicht auf meine Gesundheit – 30 Scheiben Brot abgeschnitten und 15 Stück mit Nuss-Nugat-Creme beschmiert, die anderen 15 mit Butter und Nuss-Nugat-Creme. Beim Messen und Rechnen war das Ergebnis, dass der Fettanteil der unterschiedlichen Beläge ähnlich hoch ist. Allerdings schmeckten die Brote mit Butter vielschichtiger. Die Butter brachte eine ganz angenehme Kühle mit sich. Das war gar nicht so schlecht, wie ich dachte.

Welche Kombinationen von Lebensmitteln hast du ausprobiert, die sich auf den ersten Blick nicht lecker anhören? Gab es Überraschungen? Hast du besondere Vorlieben wie Marmelade mit Salami? Gibt es Grenzen, die du niemals überschreiten würdest?

Ich kenne die Regel, von jedem Essen zumindest einen Probierklecks zu kosten, bevor ich sage, dass ich es nicht mag. Einmal war ich in Island wandern, und meine Begleitung hatte eine isländische Spezialität fürs Picknick dabei. Als wir Pause machten, fragte sie mich lächelnd, ob ich mal Svið probieren möchte. Ich nickte, und sie holte aus einer Plastiktüte einen gekochten Schafskopf und gab mir ein Stück der Wange. Ich versuchte, es zu genießen, und kaute langsam auf dem kalten Fleisch. Es war fest und schmeckte deutlich nach Schaf. Mit der Zeit vermischte sich das mit dem metallischen Geschmack von Blut. Und ab da wurde es mir zu intensiv und ich schluckte das Stück schnell runter. Einen Nachschlag wollte ich nicht.

Dann doch lieber Nutella® mit Butter.

45

Eine gute und eine schlechte Nachricht – welche zuerst?

Fünfundvierzig

Es ist gar nicht so lange her, dass ich ein Gespräch begann mit: „Ich habe eine gute und eine schlechte Nachricht." Dann dachte ich: Was ist wohl am besten? Soll ich zuerst die schlechte Nachricht erzählen und danach die gute? Oder umgekehrt? Macht es überhaupt einen Unterschied? Es ist doch wie bei einer Matheaufgabe. Egal, ob ich „5-3" rechne oder „-3+5", am Ende ist das Ergebnis dasselbe.

Wenn ich der Überbringer der Nachrichten bin, dann möchte ich meistens die gute zuerst erzählen. So als würde ich mit ihr ein weiches Kissen auf den Boden legen, damit die Wucht der schlechten Nachricht abgefedert wird und sie nicht ganz so schmerzhaft ist.

Wenn ich dagegen der Empfänger der Nachrichten bin und gefragt werde, welche ich zuerst hören möchte, dann bevorzuge ich ganz eindeutig die andere Reihenfolge: erst die schlechte Nachricht und dann die gute. Seltsam, oder? Es ist fast so, als könnte das Bittere der schlechten Nachricht mit dem süßen Geschmack der guten Nachricht weggespült werden.

Es gibt Studien, die zu einem ähnlichen Ergebnis kommen: Die meisten Menschen starten lieber schlecht und enden gut, als dass sie gut starten und schlecht enden. Denn bei von-schlecht-nach-gut zeigt der Richtungspfeil nach oben. Das fühlt sich positiv an. Umgekehrt stellt von-gut-nach-schlecht ganz eindeutig eine Abwärtsbewegung dar. Das möchte – außer auf der Achterbahn – niemand haben.

Welche Reihenfolge bevorzugst du?

Mein Gespräch kürzlich ging übrigens so weiter: „Der Kuchen, den du mir gebacken hast, ist schon komplett aufgegessen, tut mir leid. Die gute Nachricht ist, er war sehr lecker!" Da habe ich aus dem Bauch heraus alles richtig gemacht.

46

Wo gehen die Geräusche hin, nachdem man sie gehört hat?

Sechsundvierzig

Welche Geräusche kannst du jetzt gerade hören? Sind es Stimmen im Haus? Zwitschern Vögel vor deinem Fenster? Oder gewittert es und der Donner ist ohrenbetäubend laut? Sitzt du vielleicht neben einer Baustelle und die Maschinen dort machen richtig Lärm? Danach ist alles ganz ruhig und die Geräusche sind nicht mehr da. Nur wo sind sie?

Als ich noch klein war, dachte ich, dass die Geräusche, die wir hören, weiter um die Welt ziehen und auf diese Weise Wind erzeugen. Das war für mich sehr einleuchtend, denn ich hatte während eines Urlaubs an der Nordsee mitbekommen, dass es einen Zusammenhang gab zwischen Lautstärke und Windstärke: Je lauter der Wind mir um die Ohren rauschte, desto stärker wehte er über den Strand.

Heute weiß ich, dass es tatsächlich einen Zusammenhang gibt zwischen lauten Geräuschen und starkem Wind – nur anders, als ich es mir in meiner Kindheit vorgestellt hatte. Um ein Geräusch zu erzeugen, benötigt man Energie, um damit beispielsweise Luft in regelmäßige Bewegung zu versetzen. Diese Schwingungen nehmen wir dann als Geräusche wahr. Wenn die Energie für das In-Bewegung-Setzen aufgebraucht ist, gibt es keine Schwingungen mehr – und auch keine Geräusche. Dann ist da Stille.

Gibt es andere Dinge, von denen du heute weißt, wie sie funktionieren, die du dir aber als kleines Kind ganz anders erklärt hast? Findest du es schade, weil die richtige Erklärung vielleicht viel langweiliger ist? Wie ist es mit Zaubertricks? Verlieren die ihre Magie, wenn du verstanden hast, wie sie funktionieren? Oder ist das Gegenteil der Fall: Kannst du erst so richtig wertschätzen, welches Können dahintersteckt, wenn du weißt, wie es geht?

47

Max fragt:

Nordsee oder Ostsee?

Siebenundvierzig

Danke aus allen Richtungen, Max!

Wenn ich an Nordsee und Ostsee denke, dann habe ich zwei komplett unterschiedliche Meere vor Augen. Bei der Nordsee denke ich an heftigen Wind und hohe Wellen, mit einem gewaltigen Unterschied zwischen Hoch- und Niedrigwasser. Die Nordsee kam mir zu jeder Zeit vor wie ein richtiges Meer. Die Ostsee dagegen fand ich immer ziemlich ruhig und auch ein wenig langweilig. Für mich war sie wie eine Flachlandverlängerung. Mit Ostsee verbinde ich windlose, graue Tage ohne Sonne. Ich weiß, dass ich schon als Kind den Namen „Ost-See“ nie infrage gestellt habe: Dieses Meer erschien mir immer wie ein See.

Also: Nordsee oder Ostsee? Wild oder ruhig? Ich bin ja eher der ruhige Typ. Mit anderen Worten: Ruhig habe ich schon. Also würde ich mich für die Nordsee entscheiden.

Aber je länger ich darüber nachdenke, desto mehr komme ich ins Zweifeln. Kann es vielleicht sein, dass meine Vorstellung von Nordsee und Ostsee gar nicht mit der Wirklichkeit übereinstimmt? Manchmal prägt der erste Eindruck, den ein Ort auf mich gemacht hat, wie ich diesen Ort bei allen weiteren Gelegenheiten sehe. War der erste Eindruck langweilig, achte ich vielleicht gar nicht mehr auf die Dinge, die ich unter anderen Umständen spannend und schön gefunden hätte. Wenn mich ein Ort beim ersten Mal begeistert, dann bin ich vielleicht bei weiteren Besuchen von Anfang an positiv gestimmt und übersehe die Dinge, die mir nicht gefallen.

Hast du so etwas auch schon mal bemerkt? Vielleicht war es kein Ort, sondern ein Essen oder eine neue Bekanntschaft? Wie schwer fällt es dir, Dinge unvoreingenommen zu sehen? Kennst du Tricks für einen frischen Blick?

48

Was war das Letzte, das du umsonst gegeben hast?

Achtundvierzig

Vor vielen Jahren fing ich an, fürs Fernsehen zu arbeiten. Ich war in einer Firma angestellt, die Game-Shows produzierte, wie *Geh aufs Ganze!* und Tiersendungen wie *Muuh – das Tiermagazin*. Der Chef der Firma hieß Erasmus – und er hatte ständig Ideen, wenn alle anderen nicht mehr weiterwussten. Er fand immer Zeit für ein Gespräch, ganz egal, wie voll sein Terminkalender auch war.

Einmal saßen wir zusammen und redeten über die Sendung, an der ich arbeitete, da klingelte sein Telefon. Ich bekam mit, wie ein sehr wichtiger Mensch aus dem Sender ihn um Hilfe bat, weil etwas bei einer anderen Produktionsfirma schiefgelaufen war. Erasmus überlegte nicht lange, er sagte: „Klar, das bekommen wir hin. Nein, du musst nichts bezahlen. Mach dir keine Gedanken." Er legte auf und ich sagte: „Das ist aber geschickt von dir. Jetzt hast du was gut bei denen."

Er schaute mich mit aufrichtigem Unverständnis an und antwortete: „Nein. Den Gefallen tue ich, weil ich es kann. Nicht, weil ich mir etwas davon erwarte."

Das hat mich tief beeindruckt. Denn bis dahin dachte ich immer, erfolgreich ist nur, wer für alles bezahlt wird und nichts umsonst gibt. An dem Tag dämmerte es mir, dass es ganz anders ist.

Was hast du schon mal gegeben, ohne dass du dafür eine Gegenleistung erwartet hast? War das schwer? Oder ist es vielleicht sogar viel leichter, nichts zu erwarten und einfach so zu geben? Vielleicht hast du ja trotzdem etwas bekommen, auch wenn es etwas ganz Unerwartetes war?

Das Letzte, was ich umsonst gegeben habe, war ganz unspektakulär: ein Bild, das ich kurz vorher gezeichnet hatte.

49

Rein oder raus?

Neunundvierzig

Das ist wahrscheinlich die Frage, die mir in meiner Kindheit am häufigsten gestellt worden ist. Sobald ich drinnen war, wollte ich raus. Und war ich draußen, wollte ich wieder rein. Es ging so weit, dass meine Eltern überlegten, eine Katzenklappe für mich einzubauen. (Haben sie nicht gemacht, weil sich herausstellte, dass Katzen um einiges kleiner sind als ich.)

Ich mag es, draußen zu sein. Sei es, das Meer zu beobachten oder hoch auf den Bergen auf andere Gipfel zu schauen. Das alles weckt ganz besondere Gefühle und es macht mir gute Laune. Es ist, als wären wir Menschen dazu gemacht, in der Natur zu sein. Draußen kann ich den Blick schweifen lassen. Es gibt keine Wand, an der es nicht mehr weitergeht. Es fühlt sich manchmal überwältigend an und sehr viel freier als drinnen.

Auf der anderen Seite ist es im Haus gemütlich und sicher. So ein Haus ist perfekt für uns. Schließlich haben wir Menschen uns diese Art von Umgebung ausgedacht und gebaut. Das Wetter kann so nass und kalt sein, wie es will, drinnen macht mir das nichts aus. Ich weiß, wo ich Essen und Trinken finde, kann mich in einen Sessel setzen, ein Buch lesen oder vielleicht einfach nach draußen schauen.

Wo gefällt es dir besser? Wenn du dich entscheiden müsstest, ob du den Rest deines Lebens draußen oder drinnen verbringen würdest, wie sähe deine Wahl aus? Oder ist gerade die Tatsache, dass wir beides im Wechsel brauchen, das Besondere? Damit wir das eine und das andere erst so richtig wertschätzen können. Gibt es vielleicht noch andere vermeintliche Gegensätze, die doch gleichzeitig da sein müssten, damit wir uns wohlfühlen können? So wie Nähe und Abstand oder Tag und Nacht?

50

Kannst du mehr richtig oder mehr falsch machen?

Fünfzig

Wenn du bei einem Quiz im Fernsehen mitspielst und die Eine-Million-Euro-Frage beantworten musst, kannst du dir sicher sein, dass eine von vier Antworten richtig ist und die drei anderen falsch sind. Da kannst du also mehr falsch als richtig machen.

Stehst du allerdings bei einem Sommerfest vor dem Buffet und überlegst dir, ob du wirklich die Mousse au Chocolat essen oder dir lieber etwas von den vielen anderen Desserts nehmen solltest, dann kann ich nur sagen: Mousse besteht zu einem Teil aus rohen Eiern. Rohe Eier sollte man nicht essen, wenn sie stundenlang ungekühlt in der Sommerhitze vor sich hin gegammelt haben. In dieser Situation ist die falsche Entscheidung: Mousse. Alle anderen Entscheidungen – Obstsalat, Kuchen, Pudding, noch mehr Kuchen – sind richtig. Da kannst du also mehr richtig als falsch machen.

Aber eigentlich gibt es unendlich vieles, was du richtig machen kannst. Und es gibt unendlich vieles, was du falsch machen kannst. Also dürfte es keinen Unterschied machen, oder?

Vielleicht ist es ganz egal, ob du mehr falsch oder mehr richtig machen kannst. Viel wichtiger ist doch, dass du etwas machst. Und wenn du dabei einen Fehler machst, ist das eigentlich richtig gut: Denn aus einem Fehler kann man lernen. Und das ist niemals falsch. Oder wie siehst du das?

Hausaufgaben, Freundschaften oder Skateboarden – wir lernen besser durch die Fehler, die wir machen. Fehler sind wie eine Aufforderung: Probier mal, es anders zu machen! Versuch mal, etwas zu ändern! Falls du mal etwas falsch gemacht hast, das am Ende richtig war, was bedeutet das für die Antwort auf diese Frage?

51

Was hast du heute dazugelernt?

Einundfünfzig

Wenn du heute in der Schule warst, ist diese Frage wahrscheinlich leicht zu beantworten. Aber was, wenn gerade Wochenende ist? Oder du Ferien hast? Lernst du trotzdem, obwohl du nicht in der Schule bist? Merkst du, wie du etwas Neues lernst, oder fällt es dir erst auf, wenn du darüber nachdenkst?

Ich weiß nicht, ob du es wusstest, aber ich gehe schon seit einigen Jahren nicht mehr in die Schule. Habe ich deswegen aufgehört zu lernen? Überhaupt nicht! Im Gegenteil, ich glaube, dass ich mehr lerne als in meiner Schulzeit. Und das Gute ist: Im Vergleich zum Lernen in der Schule habe ich jetzt richtig Spaß dabei. Wahrscheinlich liegt es daran, dass ich keine Noten mehr bekomme, sondern stattdessen bezahlt werde. Heute habe ich eine Sachgeschichte vertont, in der es um die Lebewesen auf einer Wiese ging. Da war auch eine Schnirkelschnecke bei. Schönes Wort, oder? So heißen die kleinen Schnecken, die ihr Haus mit sich herumtragen und dabei alles vollschleimen. Über diesen Schleim habe ich heute gelernt, dass er antibakteriell ist und den Schnecken dabei hilft, gesund zu bleiben. Und ich habe heute gelernt, dass es Maultaschen aus Schokolade gibt. Die waren sehr lecker. Je länger ich darüber nachdenke, desto mehr Sachen fallen mir ein, die ich heute Morgen noch nicht wusste.

Müssen wir das Lernen erst lernen? Oder ist es so normal für uns, dass wir es meistens gar nicht merken, wenn wir wieder etwas Neues gelernt haben? Lernen wir automatisch jeden Tag? Denkst du, es ist möglich, einen Tag lang nichts zu lernen? Oder lernen wir immer etwas Neues, selbst wenn wir schlafen und träumen?

Wie hieß noch mal die Schnecke?

52

Tina fragt:

Du könntest in deiner Lieblings-geschichte mitspielen, welche wäre es und was würdest du als Erstes tun?

Zweiundfünfzig

Das ist eine schwierige Frage, denn ich liebe Horrorgeschichten. Gern auch solche, die anderen Leuten vielleicht etwas schrottig vorkommen. Diese Vorliebe teile ich mit einem Freund von mir, der zufälligerweise jahrelang Hörspiele dieser Art produziert hat. Eines Tages fragte er mich, ob ich bei *Die Leichenkutsche von London* mitmachen wollte. Natürlich wollte ich! Mein Auftritt in diesem Hörspiel ist sehr kurz. Eigentlich hört man nur mein Röcheln, mit dem ich sehr überzeugend darstelle, wie ein Dämon mich umbringt. Das hat viel Spaß gemacht.

Wenn ich mir aussuchen könnte, eine Figur in einem Film oder einem Buch zu sein, dann wäre ich gern jemand, der nicht nach fünf Sekunden tot ist. Ich würde am liebsten Abenteuer erleben und durch Welten reisen, die es nicht in der Wirklichkeit gibt. Mir würde es gefallen, bei *Peter Pan* mitzuspielen und einer der verlorenen Jungs zu sein. Ich könnte mir auch gut vorstellen, zu den *Goonies* zu gehören. Oder ich wäre einer der Superhelden in *Mystery Men*.

Gibt es einen Film, der bei dir sofort das Gefühl auslöst, unbedingt dabei sein zu wollen? Hast du ein Buch, das du schon mehrmals gelesen hast und von dem du einfach nicht genug bekommst? Was ist das Faszinierende? Findest du dich in den Geschichten wieder, weil die Figuren dort eine Ähnlichkeit mit dir haben? Oder ist es das Gegenteil, und dir gefällt, dass in diesen Geschichten nichts so ist, wie du es aus deinem Leben kennst? Hast du dir schon mal überlegt, wie es wäre, dir eine eigene Geschichte auszudenken? Du könntest dann entscheiden, was alles passiert. Und wo. Und mit wem.

Lieben Dank, Tina!

53

Wofür wirst du gebraucht?

Dreiundfünfzig

Oft wirst du gebraucht, um bestimmte Aufgaben zu erledigen. Die können sehr vielfältig sein: Mittagessen kochen, mit dem Hund Gassi gehen, das Katzenklo säubern, Fragen beantworten. Andere Menschen – und auch Tiere – verlassen sich darauf, dass du diese Aufträge einigermaßen zuverlässig erfüllst. Die Ergebnisse sind in der Regel auch leicht erkennbar: satte Gesichter, entspannter Hund, sauberes Katzenklo. Und du hältst ein Buch in der Hand mit vielen Antworten.

Es gibt auch Aufgaben, die nicht so greifbar sind. Und deren Ergebnisse sich nicht so eindeutig sehen lassen. Du wirst zum Beispiel als beste Freundin gebraucht, mit der man über alles reden kann. Oder du wirst als großer Bruder gebraucht, mit dem man jeden Quatsch machen kann. Manchmal wirst du gebraucht, weil andere Menschen bei dir das Gefühl haben: „Solange du da bist, ist alles gut; das wird eine lustige Party." Oft merkst du vielleicht gar nicht, dass du gebraucht wirst. Und auch anderen Menschen wird erst bewusst, wie sehr sie dich brauchen, wenn du nicht da bist.

Natürlich kann es auch anstrengend sein, von vielen anderen und für vieles andere gebraucht zu werden. Es gibt Zeiten, da möchte man einfach eine Pause haben. Und vielleicht merkst du dann auf einmal, dass dich jemand braucht, der dir bisher gar nicht so aufgefallen ist: *Du* brauchst dich! Du brauchst dich, um dich um dich selbst zu kümmern. Was könnte wohl passieren, wenn du nicht auf dich selbst achtest? Und was wäre dann mit allem, wozu du gebraucht wirst?

54

Fragen oder antworten?

Vierundfünfzig

Wir Menschen fangen mit Fragen an. Sobald wir auf der Welt sind und die Augen geöffnet haben, fragen uns unsere Eltern: „Dutzidutzi, bist du ein feines Hasimausi?“

Natürlich können wir nicht antworten. Was kein Wunder ist. Wie soll man eine Sprache ordentlich lernen, wenn auf diese Weise mit einem geredet wird? Wenn wir antworten könnten, würden wir das vielleicht mit einer Gegenfrage tun – oder zwei: „Sagt mal, spinnt ihr? Wie redet ihr mit mir?“

Das ist das Interessante an Fragen. Man kann sie auch benutzen, um zu antworten. Das geht mit Antworten nicht so gut. Eine Antwort kann niemals eine Frage sein – allerhöchstens ein Startpunkt für weitere Fragen. Jede neue Frage zeigt eine neue Möglichkeit auf. Sie sind wie Wegweiser, wenn du an einer Gabelung stehst und überlegst: „Wo geht’s denn da lang?“ Das gefällt mir an Fragen.

Trotzdem liebe ich Antworten. Denn die können einen beruhigen und mit der Welt versöhnen. Stell dir zum Beispiel vor, du schreibst ganz altmodisch einen kleinen Zettel mit einer simplen Multiple-Choice-Frage und gibst diesen Zettel einem Menschen, den du sehr großartig findest. Er liest sich die Frage durch, nimmt sich einen Stift, kreuzt an und gibt dir den Zettel wieder zurück. Du schaust auf das Blatt Papier, hast ein bisschen Angst davor, eventuell zu mutig gewesen zu sein – und freust dich dann aber doppelt, dass das „Ja“ angekreuzt ist. Schöner kann ein Tag nicht werden, wenn du die richtige Antwort bekommst.

Was war die schwierigste Frage, die du je gestellt hast? Kannst du dich noch an die Antwort erinnern? Was fällt dir leichter: fragen oder antworten? Und warum? Was, denkst du, lässt dich eher dumm dastehen: eine Frage oder eine Antwort?

55

Wenn du nicht erwischt werden kannst, könntest du alles tun, oder?

Fünfundfünfzig

Stell dir vor, du findest einen Ring, der dich unsichtbar macht, sobald du ihn trägst. (Ja, klingt ein bisschen wie aus *Herr der Ringe*, ist aber ein Gleichnis, das sehr viel älter ist: Vor ungefähr 2400 Jahren hat der griechische Philosoph Platon über den *Ring des Gyges*[4] geschrieben.) Was würdest du tun? Würdest du den Ring im Fundbüro abgeben, weil er dir ja schließlich nicht gehört? Oder würdest du in den nächsten Supermarkt spazieren und dir unbemerkt – und ohne zu bezahlen – alles nehmen, was dir gefällt?

Unsichtbar, wie du dank des Rings bist, würdest du niemals erwischt und bestraft werden. Der Ring wäre dein absoluter Freifahrtschein. Du könntest alles machen, was du wolltest – selbst verbotene Dinge. Klingt nach Spaß. Oder gäbe es etwas, das dich davon abhalten würde, eine Bank auszurauben oder deinen Nachbarn als Geistererscheinung einen Schrecken einzujagen, indem du Vasen aus den Regalen schubsen oder die Fenster wie durch Geisterhand klappern lassen würdest? Hättest du ein schlechtes Gewissen, auch wenn du niemals erwischt werden würdest? Woher käme das schlechte Gewissen?

Genau darüber hat sich Platon auch Gedanken gemacht. In seinem Buch lässt er Sokrates auftreten, der überzeugt war, dass man immer Gutes tun sollte, weil einen das zu einem glücklicheren Menschen macht. Aber stimmt das auch? Ich kann mich erinnern, dass es mir im Urlaub richtig Spaß gemacht hat, eine Sandburg kaputt zu treten. (Niemand hat geweint. Ich hatte sie selbst gebaut.) Tun wir Gutes, weil es uns zufrieden macht oder weil andere Menschen uns beobachten und wir wollen, dass sie eine gute Meinung über uns haben?

56

Was war das Letzte, das du umsonst bekommen hast?

Sechsundfünfzig

Bei mir war es ein Schmalzkringel. Ich war beim Bäcker und bestellte drei Berliner. Die Verkäuferin hatte keine großen Tüten mehr und packte die Krapfen deshalb in zwei kleinere. Aber sie war unzufrieden, eine halb leere Tüte kam ihr wie Verschwendung vor. Also nahm sie einen Schmalzkringel, sagte: „Den schenke ich Ihnen“, und machte damit die zweite Tüte voll. Ich habe mich gefreut und bedankt.

Schmalzkringel habe ich noch nie gekauft. Der Name hat mich nicht angesprochen. Dabei ist dieses Gebäck eigentlich wie ein Berliner – hat statt Marmelade ein Loch in der Mitte.

Kennst du das Sprichwort: „Einem geschenkten Gaul schaut man nicht ins Maul“? Pferdehändler können an den Zähnen der Pferde ziemlich genau ablesen, wie alt die Tiere sind – und ob der Kaufpreis gerechtfertigt ist. Übertragen auf die Redewendung bedeutet das: Über Geschenke soll man sich nicht beschweren, man soll sie annehmen, wie sie sind. Auch wenn ich mich natürlich kurz gefragt habe, warum ich einen Kringel bekam statt eines vierten Berliners. Verkaufen sich die Schmalzkringel nicht so gut und müssen verschenkt werden? Wird ein Geschenk dadurch weniger wert? Oder ist das ganz egal, weil die Geste zählt?

Für mich war das nicht nur eine schöne Geste, durch die ich etwas Neues und Unbekanntes probiert habe. Denn zu Hause bekam ich sogar noch etwas geschenkt, nämlich die beste Beschreibung für Schmalzkringel. Als ich den Inhalt der beiden Tüten auspackte, wurde der Kringel kurz begutachtet und mit „Deutscher Donut“ bewertet. Da mussten wir alle sehr lachen, weil es so passend war.

Ist eigentlich alles, was du umsonst bekommst, ein Geschenk?

57

Bist du ein Knüller oder ein Falter?

Siebenundfünfzig

Wenn du mit deinem großen Geschäft fertig bist, knüllst du dann das Papier, bevor du es benutzt? Oder faltest du es?

Ist dir schon mal in den Sinn gekommen, dass es Leute geben könnte, die Dinge nicht so handhaben wie du? Ich weiß, ich wäre früher niemals auf die Idee gekommen, dass man sich den Po anders abwischen könnte, als ich es tat – nämlich mit einem Streifen von sechs bis acht Blättern, die locker zusammengeknüllt sind.

Die Vorteile vom Knüllen liegen – eben nicht auf der Hand. Geknülltes Papier hat ein größeres Volumen als platt gefaltetes. Deshalb kam mir die „Sicherheitszone“ zwischen meiner Hand und den Substanzen, die ich auf keinen Fall an meiner Hand haben wollte, auch sehr viel komfortabler vor als bei gefaltetem Papier. Außerdem nimmt geknülltes Papier dank seiner knittrigen und furchigen Oberfläche mit einem Wisch mehr mit.

Inzwischen verstehe ich aber auch die Vorteile vom Falten. Zum einen macht die Papieroberfläche auf mich nicht mehr den Eindruck, sie sei zu glatt, um ordentlich sauber zu wischen. Auch die Saugfähigkeit ist so, dass sich das Papier nicht direkt auflöst. Zum anderen ist das Falten viel sparsamer als das Knüllen. Denn man kann Klopapier auch mehrmals falten – und benutzen. Das merkt man schnell, wenn man allein wohnt und keine Eltern mehr da sind, die sich darum kümmern, dass immer genug Papier im Haus ist.

Denkst du, es gibt Menschen, denen es peinlich ist, über diese Fragen nachzudenken? Warum könnte das sein?

Ich bin übrigens kein Knüller mehr. (Ha! Fishing for Compliments.)

58

Lyn fragt:

Wenn du dein ganzes Leben nur noch ein Lebensmittel essen dürftest, was würdest du nehmen: sehr eklig, aber gesund, oder sehr lecker, aber sehr ungesund?

Achtundfünfzig

Krümeligsten Dank, Lyn!

Ich kann mich gut erinnern, wie es war, auf Klassenfahrt sieben Tage lang das abstoßendste Essen serviert zu bekommen, das jemals vor mir auf einem Teller lag. Es war so weich gekocht, dass es zu einem Brei zerlief, sobald die Gabel es berührte. Das Essen sah nicht nur aus wie Erbrochenes, es schmeckte auch so. Kann sein, dass es sehr gesund war, aber was nützen alle Vitamine, Mineralien, Eiweiße, Kohlenhydrate und Fette, wenn das Essen einem den Willen zum Leben raubt?

Was habe ich damals gelernt? Zum einen: Essen sollte den Körper nicht nur mit Nährstoffen versorgen, es sollte auch Nahrung für die Sinne sein und im besten Fall glücklich machen. Zum anderen habe ich gemerkt, dass man sich nur die Nase zuhalten muss, um den schlimmsten Geschmack nicht mehr wahrzunehmen.

Viele Menschen denken, das Schmecken von Essen geht hauptsächlich über die Zunge. Die registriert aber gerade mal fünf verschiedene Geschmacksqualitäten: süß, sauer, salzig, bitter und würzig. Die Aromen des Essens steigen dagegen über den Rachenraum in die Nase. Und die über 400 verschiedenen Rezeptoren dort leiten die abenteuerlichsten Geruchskombinationen ans Gehirn weiter. Wir schmecken also hauptsächlich mit der Nase.

Mein vernünftiges Ich würde sich für das gesunde, eklige Lebensmittel entscheiden, vielleicht freunde ich mich ja mit dem Geschmack an. Denn was bringt das leckerste Essen, wenn es krank macht? Geschmack ist auch eine Frage der Gewöhnung. Kohlrabi zum Beispiel fand ich früher widerlich, heute mag ich ihn.

Der unvernünftige Teil von mir jedoch sagt: Am Ende stirbst du trotzdem, nur hattest du weniger Spaß im Leben.

Bist du eher vernünftig oder eher unvernünftig? Gilt das nur fürs Essen?

59

Wie alt wärst du, wenn du nicht wüsstest, wie alt du bist?

Neunundfünfzig

Im Fernsehen laufen Wiederholungen von *Wissen macht Ah!* aus mindestens den letzten zehn Jahren. Das heißt, wenn du mich siehst, existiere ich gleichzeitig in ganz vielen verschiedenen Altersstufen. Das Seltsame dabei ist: Das überträgt sich auch auf mein gefühltes Alter. Ich fühle mich meistens ein wenig alterslos. Ich komme mir nicht so alt vor, wie ich rechnerisch sein sollte.

Wie ist es bei dir? Denkst du, dass du eigentlich viel länger abends draußen bleiben könntest, wenn deine Eltern nicht ständig mit deiner Geburtsurkunde vor deiner Nase herumfuchteln würden?

Denkst du, dass es völlig in Ordnung wäre, mit deinem BMX-Rad durch die Stadt zu fahren, wenn dir dein Nachwuchs nicht ständig erzählen würde, dass du auf einem Kinderrad unterwegs bist?

Wechselt dein Altersgefühl? Gibt es Momente, in denen du dich viel jünger fühlst – und wünschst dir, deine Eltern wären da, um dich in den Arm zu nehmen? Gibt es Momente, in denen du Unterhaltungen lauschst, aber keinen blassen Schimmer hast, was gesagt wird, und du dich fragst, wie du so schnell so alt werden konntest, dass du nichts mehr verstehst?

Es scheint fast so, als würden unser Lebensalter – also die Anzahl der Jahre, die wir tatsächlich schon auf der Welt sind – und unser gefühltes Alter meist nicht so richtig übereinstimmen. Jüngere Menschen kommen sich älter vor. Ältere Menschen fühlen sich jünger. Was meinst du, woran das liegt? Wie ist es bei dir? Auf welches Alter sollten wir mehr Wert legen: gefühltes oder Ausweisalter?

Überrascht dich manchmal, wenn du erfährst, wie alt jemand – nach Jahren – ist, weil diese Zahl gar nicht zur Person passt?

60

Mattes fragt:

Teleportieren oder fliegen?

Sechzig

Danke von A → B, Mattes!

Straßen, Schienen oder Wasserwege müssen sich immer an den örtlichen Bedingungen orientieren. Eine Bahn etwa kann nicht schnurstracks einen Berg hochfahren, sondern muss das in Kurven machen. Der kürzeste Weg aber zwischen zwei Punkten ist keine Kurve, sondern eine gerade Linie. Deshalb gehört das Fliegen zu den schnellsten Fortbewegungsmöglichkeiten, die die Menschheit bislang erfunden hat. In der Luft gibt es in der Regel keine Hindernisse, die man umkurven muss. Außerdem haben Flugzeuge eine sehr hohe Geschwindigkeit.

Schneller von A nach B kommst du nur, wenn du nicht mal die gerade Linie benutzt, sondern von jetzt auf gleich den Raum zwischen A und B einfach überspringen könntest. Das wäre unschlagbar. Genau das ist Teleportieren. Bisher funktioniert es nur in Science-Fiction-Filmen wie *Star Trek* – da wird es „Beamen“ genannt – oder in Fantasy-Geschichten wie *Harry Potter* – da heißt es „Apparieren“. Im echten Leben gibt es technisch gesehen keine Möglichkeit, von einem Punkt zum anderen zu kommen, ohne dass du dich durch den Raum bewegst. Diesen Gedanken, dass Teleportieren technisch unmöglich ist, finde ich sehr spannend. Denn so dachten wahrscheinlich alle vernünftigen Menschen im Mittelalter auch über das Fliegen.

Kannst du dir vorstellen, dass in 500 Jahren über uns gelächelt wird, weil selbst die klügsten Köpfe von heute Teleportieren für unmöglich halten?

Was, wenn Teleportieren möglich wäre? Würdest du dich trotzdem für eine langsamere Art der Fortbewegung entscheiden? Ist der Weg in den Urlaub schon Teil des Urlaubs? Bekommst du gern mit, wie sich die Landschaft auf dem Weg in den Urlaubsort ändert? Oder kann die Hinreise für dich nicht kurz genug sein?

61

Wenn du eine eigene Fernsehsendung hättest – was wäre das für eine?

Einundsechzig

Oft werde ich gefragt, warum ich denn im Kinderfernsehen gelandet sei und was mich so daran reizen würde, Sendungen für Kinder zu machen. (Als gäbe es mit mir keine Sendungen für Erwachsene!) Ich erkläre meist, dass meine Sendungen zwar größtenteils im Familienprogramm laufen, aber dass sie eigentlich kein Kinderfernsehen sind, sondern Ralph-Fernsehen.

Das bedeutet, ich mache Fernsehsendungen, so wie ich sie gern sehen würde. Ich bin mein allererster Zuschauer. Wenn es mir gefällt und Spaß macht, dann könnte es gut sein, dass es anderen Menschen ähnlich geht. Oder anders ausgedrückt: Wenn meine Sendung mir schon keinen Spaß machen würde, dann kann ich nicht erwarten, dass andere Menschen eine gute Zeit haben. Und das ist doch die Hauptsache beim Fernsehen – und auch im Internet: Die Videos müssen unterhaltsam sein, nicht langweilig. Ich zumindest schlafe ein, wenn mir langweilig ist. Oder ich fange an, Unsinn zu machen. Das erkennst du daran, dass ich zum Beispiel plötzlich einen angeklebten Schnurrbart trage. Der Unsinn sorgt dafür, dass ich wieder Spaß habe, weil etwas Unerwartetes passiert. Auch das finde ich wichtig: Es sollte immer etwas Neues und Überraschendes bei meiner Fernsehsendung dabei sein.

Wie sieht deine Fernsehsendung aus? Würdest du Fragen beantworten oder lieber Geschichten erzählen oder aus anderen Gegenden der Welt berichten? Würdest du ein Programm machen, das dir gefällt? Oder möchtest du den Geschmack deines Publikums treffen, auch wenn du vielleicht nicht genau weißt, wie der aussieht? Gibt es schon Sendungen, die genau so sind, wie du sie machen würdest?

62

Worauf wartest du?

Zweiundsechzig

Es ist so weit. Leg das Buch zur Seite und fang an. Warte nicht auf Neujahr oder auf Vollmond oder auf Montag. Wenn du fertig bist, bin ich noch hier und warte.

Warten kann ich nämlich wirklich gut. Vor allem wenn es darum geht, dass ich etwas erledige. Ich bin ein unverbesserlicher Aufschieber. In meiner Schulzeit habe ich immer erst kurz vor den Klausuren angefangen zu lernen, statt mir den Lernstoff über mehrere Wochen einzuteilen. Dieses Muster setzt sich bis heute fort: Die meisten Dinge erledige ich auf den letzten Drücker. Mein Leben könnte sehr viel entspannter sein, wenn ich etwas disziplinierter wäre. Doch wenn ich ein ganz anderer Mensch wäre, würdest du vielleicht jetzt nicht dieses Buch lesen.

Oft sitze ich vorm Computer und lege nicht einfach los, sondern stelle mir vor, wie ich meine Texte schreibe. Ich male mir lange Zeit aus, wie sie aussehen werden, überlege mir Sätze und Strukturen. Bis es dunkel geworden ist und dann denke ich: „Jetzt lohnt es sich auch nicht mehr anzufangen. Mache ich morgen."

Ist das Aufschieben vielleicht eine Art Vorfreude? In meiner Vorstellung ist alles perfekt. Aber sobald ich meine Ideen Wirklichkeit werden lasse, muss ich mich mit all den unperfekten Kleinigkeiten herumschlagen.

Natürlich gibt es auch Aufgaben, die überhaupt keinen Spaß machen und die ich deshalb vor mir herschiebe. Ich denke so lange „Ich hab ja noch Zeit!", bis ich keine Zeit mehr habe.

Kennst du das auch? Oder erledigst du einfach alles, was du erledigen musst, sofort? Funktioniert das auch bei Dingen, die dir keinen Spaß machen? Hast du einen Trick? Und wenn du aufschiebst: Wie lange wartest du auf den richtigen Moment? Woher weißt du, dass er da ist?

63

Gibt es Fragen, die du nicht stellen kannst?

Dreiundsechzig

Die älteren unter euch, die, die Bewerbungsgespräche führen, werden jetzt wahrscheinlich sagen: „Ja, natürlich gibt es Fragen, die ich nicht stellen kann. Weil ich sie nicht stellen darf." Tatsächlich darfst du zum Beispiel diejenigen, die sich bei dir um einen Job bewerben, nicht fragen, was sie in ihrer Freizeit machen oder ob sie Kinder bekommen wollen.

Aber abgesehen davon: Welche Fragen kannst du nicht stellen? Wenn du auf diese Frage eine Antwort weißt und dir Beispiele einfallen, dann könntest du sie doch stellen, oder? Dann sind es keine „unstellbaren" Fragen.

Fragen sehen ja oft ganz harmlos aus. Aber gibt es dennoch Fragen, die anderen Menschen wehtun können? Gemeine Fragen wie zum Beispiel: „Hast du die Jeans frisch gewaschen oder warum sitzt die so eng?" Kannst du solche Fragen stellen?

Was ist mit Fragen, auf die es keine Antwort gibt? Fragen stellt man, um Antworten zu bekommen. Damit man sein Wissen vergrößert oder seine Neugier stillt. Also wird eigentlich jede Frage erst komplett durch eine Antwort darauf. Ich stelle mir das vor wie ein Puzzle mit zwei Teilen, die genau zueinanderpassen.

Wenn es aber keine Antwort gibt, ist dann die Frage überhaupt eine richtige Frage? Denn der österreichische Philosoph Ludwig Wittgenstein schrieb: „Zu einer Antwort, die man nicht aussprechen kann, kann man auch die Frage nicht aussprechen."[5] Oder kann keine Antwort auch eine Antwort sein? Wenn ich dir sage: „Auf deine Frage weiß ich keine Antwort", ist das doch auch eine Antwort.

Gibt es Fragen, die du nicht stellen kannst, weil du noch gar nicht weißt, dass du sie hast? Wie solltest du zum Beispiel fragen, wo schwarze Schwäne herkommen, wenn du noch nie einen gesehen hast?

64

Lieber alles wissen oder für immer leben?

Vierundsechzig

Natürlich fragst du erst mal nach, was genau „alles wissen“ bedeutet. Und du erfährst, dass du mit deiner Entscheidung auf einmal wirklich alles weißt, was es zu wissen gibt. Jemand könnte dich nach der Uhrzeit fragen, und obwohl du keine Uhr hast, wüsstest du genau, wie spät es ist. Jemand könnte dich nach der Strukturformel für durchsichtiges Aluminium fragen – und obwohl du weißt, dass es das nur bei *Star Trek* gibt, hättest du kein Problem, die Formel aufzuschreiben. Es gäbe für dich kein Geheimnis mehr auf der Welt, weil du alles wüsstest.

„Für immer leben?“, fragst du und erfährst, dass du keine Krankheiten bekommen würdest, kein Unfall könnte dir etwas anhaben, du würdest nicht alt und gebrechlich werden. Du wärst einfach nur für den Rest aller Zeiten da. Du müsstest nicht nur ein Leben führen, sondern könntest alles ausprobieren. Wenn dir etwas nicht mehr gefällt – dein Beruf, dein Wohnort –, dann würdest du einfach neu anfangen, weil du keine Zeit verlieren könntest. Du hättest buchstäblich alle Zeit der Welt.

Was würdest du auswählen? Ewiges Leben kann bedeuten, dass du in Zukunft echt einsam wirst, wenn keine anderen Menschen mehr da sind. Alles zu wissen, könnte jetzt schon dafür sorgen, dass niemand mehr etwas mit dir zu tun haben möchte. Denkst du bei Entscheidungen mehr über die Vorteile nach oder auch über die Nachteile? Was hat für dich mehr Gewicht? Und wie machst du es bei Entscheidungen, die nicht so große Folgen haben wie ewiges Leben oder umfassendes Wissen?

65

Monika fragt:

Wer würdest du sein, wenn du für einen Tag ein anderer Mensch sein könntest?

Fünfundsechzig

Suche ich mir einen Menschen aus, auf den ich eifersüchtig bin, weil er vielleicht hübscher, reicher oder beliebter ist als ich? Wie ist es wohl, wunderschön zu sein? Oder sich um Geld keine Gedanken machen zu müssen? Oder einfach unglaublich viel Liebe zu bekommen? Es kann natürlich sein, dass meine Vorstellung vom Leben der anderen überhaupt nichts mit der Wirklichkeit zu tun hat. Wenn die Schönen sich ansehen, finden sie wahrscheinlich auch den ein oder anderen Fehler. Die Reichen machen sich eventuell viel mehr Gedanken um Geld, als ich vermuten würde. Und die Beliebten wollen vielleicht einfach mal für sich sein.

Oder suche ich mir einen Menschen aus, den ich gar nicht leiden kann, weil er etwa für großes Unglück auf der Welt verantwortlich ist? Angenommen, ich hätte im März 2022 einen Tag lang Putin sein können. Ein Befehl und alle hätten mit dem Krieg aufgehört. Aber vielleicht ist das auch sehr blauäugig von mir.

Vielleicht wäre ich lieber einen Tag lang jemand, der etwas ganz Einzigartiges erlebt – als Astronaut auf der ISS im Weltall oder als Meeresforscher in einem U-Boot am Marianengraben. Es gibt so viele Leben, die ich gern ausprobieren würde.

Während ich das hier schreibe, sitzt mein Hund ganz entspannt neben mir. Er hat seinen Kopf auf meinen Schoß gelegt und schaut mich geduldig an. Vor einiger Zeit habe ich einen Spruch gelesen. Er lautete ungefähr: „Sei der Mensch, von dem dein Hund denkt, der du bist." Ich glaube, mein Hund denkt von mir, dass ich der großartigste und beste Mensch bin, den er sich vorstellen kann. Vor allem, wenn ich jetzt endlich mal mit ihm rausgehen würde. Wie wärst du gern?

Vielen Dank, Monika!

66

Zucker oder Salz?

Sechsundsechzig

Süß ist wahrscheinlich die erste Geschmacksrichtung, die wir wahrnehmen und mit der wir positive Gefühle verbinden. Muttermilch ist nämlich süß. Viele Forschende gehen davon aus, dass wir eine angeborene Vorliebe für süßen Geschmack haben, denn Zucker ist eine wichtige Energiequelle für unser Gehirn. Vielleicht liebe ich deshalb Süßigkeiten so sehr.

Trotzdem bin ich eher der salzige Typ. Vor Jahren gab es eine Zeit, da habe ich mich nach dem Sport absichtlich nicht geduscht, sondern den Schweiß auf meiner Haut trocknen lassen. Meine Eltern waren dagegen, Chips zu kaufen. Deshalb habe ich abends beim Seriengucken den getrockneten Schweiß von meiner Haut abgeleckt. Das war mein Chipsersatz. Und ich konnte so die Mineralstoffe – das ist ein anderes Wort für die Salze, die man ausschwitzt – meinem Körper wieder zurückgeben. Ganz eindeutig eine Win-win-Situation.

Das Interessante am Salz ist, dass es alles, was wir essen, sehr viel leckerer macht. Mit einer Prise Salz werden sogar süße Nachtische feiner. Salz verringert zum Beispiel das Bittere von dunkler Schokolade und verstärkt das Süße. Als wäre Salz ein Schlüssel, der viele andere Geschmacksverbindungen und Aromen aufschließt. Dass man Süßspeisen auch leicht salzen soll, hat mich lange Zeit gewundert. Denn für mich waren Süß und Salzig Gegensätze. Deshalb finde ich es so bemerkenswert, dass Zucker und Salz sich gegenseitig nicht aufheben wie Plus und Minus, sondern einander verstärken.

Kennst du Gegensätze, bei denen es genauso ist? Gibt es vielleicht auch Menschen, die komplett gegensätzlich sind, aber sich überraschenderweise unglaublich verstärken und etwas Neues entstehen lassen, wenn sie gemeinsam etwas machen?

67

Vivian fragt:

Wenn du einen Blumenstrauß essen müsstest, welche Blumen wären drin und wieso?

Siebenundsechzig

Statt Blumen: Danke, Vivian!

Ich kann mich noch gut erinnern, als ich das erste Mal Blumen gegessen habe: Im Urlaub stolperten wir in ein Restaurant, das von außen nicht besonders auffällig war, drinnen aber sehr außergewöhnliche Gerichte hatte. Unter anderem gab es einen Salat mit Blüten. Zuerst dachte ich: „Lustige Deko." Als ich aber sah, dass andere Gäste diese Dekoration einfach mitaßen, probierte ich die Blumen auch. Sie gaben dem Salat nicht nur geschmacklich eine sehr interessante Farbe.

Nach welchen Kriterien würdest du dir die Blumen aussuchen? Natürlich sollten sie ungiftig sein. Niemand möchte wegen ein paar falschen Blüten den Magen ausgepumpt bekommen und sich Sprüche anhören müssen über die Gefahren vegetarischer Ernährung. Würdest du die Blumen eher nach ihrer äußeren Erscheinung aussuchen? Ist dir wichtig, dass sie eine schöne Farbe oder Form haben? Spielt die Größe eine Rolle oder ob die Blumen eher weich oder kratzig sind? Oder ist dir das Aussehen egal, solange sie nur gut schmecken?

Löwenzahn kann ich empfehlen. Er sieht nicht so wunderschön aus wie zum Beispiel Kornblumen, dafür wächst er fast überall. Das ist vielleicht auch der Grund, weshalb die meisten Menschen ihn immer noch als Unkraut bezeichnen und sauer werden, wenn er in ihrem Garten auftaucht. Dabei schmecken die gelben Blüten eher süßlich und passen gut zum Dessert.

Welche Blumen hast du schon mal probiert? Gehst du nach dem Aussehen oder dem Geschmack? Und wie machst du es bei anderen Lebensmitteln? Würdest du schrumpelige Äpfel essen? Ist dir schon mal aufgefallen, dass Obst und Gemüse im Supermarkt aussehen wie aus dem Bilderbuch? Wenn etwa Karotten furchig und Zitronen warzig sind, werden sie für gewöhnlich nicht gekauft. Komisch, oder?

68

Stefanie fragt:

Wo würdest du dich im Orchester hinsetzen, wenn du freie Wahl hättest?

Achtundsechzig

Ein Orchester kann groß sein. Je nach Stück, das aufgeführt wird, sitzen oder stehen da schon mal über hundert Musikerinnen und Musiker. Von vorn aus dem Publikum gesehen ist die Anordnung meist so: Hinten ist das Schlagzeug. Das sind alle möglichen Instrumente von der Trommel über das Glockenspiel bis hin zur Peitsche. Beim Schlagzeug ist oft am meisten los. Die großen Kesselpauken können richtig laut werden. Etwas weiter vorn sitzen die Blechbläser, also die Trompeten, Posaunen, Hörner und die Tuba. In der Mitte links finden sich die Harfe, auch das Klavier, manchmal sogar eine Celesta. Rechts daneben sind die Holzbläser mit Klarinetten, Oboen, Flöten und Fagotten. Und etwas weiter vorn zum Bühnenrand sind die Streicher – von links nach rechts die Violinen, Bratschen, Celli und etwas weiter im Hintergrund Kontrabässe. Und ganz vorn steht natürlich der Mensch, der das Orchester dirigiert.

Das ist nur ein grober Überblick, aber es wird klar: Selbst wenn es wegen der Menge an Leuten unübersichtlich aussehen sollte, gibt es bei einem Orchester eine gewisse Ordnung. Welchen Platz würdest du dir aussuchen? Magst du hohe Töne oder tiefe? Würdest du gern hinten sitzen, um einen guten Überblick zu haben? Oder lieber mitten in der Streichergruppe, um vom Klang der Violinen eingehüllt zu werden? Oder würdest du dich gern zu den Instrumenten setzen, von denen du gar nicht weißt, wie sie eigentlich klingen? Oder bist du eher der Dirigiertyp und hast gern das Stäbchen in der Hand?

Wenn ich es mir aussuchen könnte, säße ich beim Kontrabass. Es gibt nichts Besseres, als die tiefen Töne im Bauch zu spüren.

Danke, Stefanie! Mit großer Fanfare!

69

Welchen Sinn hat Unsinn?

Neunundsechzig

Ich mag Unsinn. Es ist eine sehr erstaunliche Tatsache, dass es überhaupt Unsinn gibt. Denn unser Gehirn hat das große Bedürfnis, allem einen Sinn zu geben. Selbst im größten Unsinn versuchen wir automatisch, einen Sinn zu finden. Das funktioniert so gut, dass wir es nicht einmal merken.

Es gibt zum Beispiel das berühmte Gedicht *Jabberwocky* von Lewis Carroll, der auch *Alice im Wunderland* geschrieben hat. Es besteht zum großen Teil aus englischen Wörtern, die Carroll erfunden hat. Trotzdem ergibt dieses Unsinn-Gedicht einen Sinn. Für mich erzählt es die Geschichte eines Jungen, der ein Ungeheuer tötet. Zum einen liegt es daran, dass der Klang der Wörter Bilder im Kopf erzeugt. Zum anderen meint man, Teile der Wörter zu erkennen, und gibt ihnen dadurch einen Sinn. Es ist großartig – auch die deutsche Nachdichtung von Christian Enzensberger, die den Titel „Der Zipferlake“ trägt.

Das Schöne am Unsinn ist, dass man ihn wie Unkraut einfach wachsen lassen kann. Man muss sich um nichts kümmern – und am Ende sieht der Garten schön bunt aus. Unsinn kann geheimnisvoll sein, aber auch leicht. Denn der Unsinn hat meist kein schweres Gepäck dabei. Er hat keine Bedeutung und keinen Zweck – außer vielleicht Quatsch zu sein. Es gibt einen großen Gegensatz zwischen „ich sehe einen Sinn“ und „ich weiß, da ist kein Sinn“, den ich sehr unterhaltsam finde.

Unsinn ist wie ein Fenster aufzumachen und frische Luft hereinzulassen. Er bringt mich auf neue Ideen und macht das Leben lustig.

Wann hast du das letzte Mal Unsinn gemacht? Zum Beispiel verkehrt herum in ein Fernglas geschaut? Macht Unsinn mehr Spaß, wenn du ihn mit anderen machst? Wer kann mit Unsinn besser umgehen: Kinder oder Erwachsene?

70

Planlos oder zielbewusst?

Siebzig

Wir bekommen schon sehr früh im Leben beigebracht, dass es hilfreich ist, einen Plan zu haben, um ein Ziel zu erreichen. Urlaub, Beruf, Leben – wie soll das alles ohne einen Plan zum Erfolg werden?

Was ist eigentlich „Erfolg"? Ist es das Erreichen eines Ziels? Lässt sich Erfolg überhaupt planen? Oder gehört auch immer eine Portion Glück dazu? Was aber ist, wenn du einen Plan gemacht hast, dich so sehr auf dein Ziel konzentrierst und dabei einen richtigen Tunnelblick entwickelst? Der ist ganz normal, wenn man durch einen Tunnel fährt: Man achtet gar nicht auf die dunklen Seiten, sondern nur auf die helle Ausfahrt am Ende des Tunnels. Im übertragenen Sinn bedeutet „Tunnelblick", eine verengte Sicht auf die Dinge zu haben. Dabei kann man die glücklichen Gelegenheiten verpassen, die sich rechts und links vom Weg ergeben. Wenn aber Glück zum Erfolghaben dazugehört, dann scheint so ein Tunnelblick nicht besonders günstig zu sein.

Musst du wissen, wo du hinwillst, damit du dort ankommst? Stell dir vor, du gehst einfach raus und spazierst planlos durch die Gegend. Du darfst jederzeit die Richtung ändern. Ganz zufällig, wohin du willst. Nach einer halben Stunde wirst du auf jeden Fall irgendwo sein. Nur dass du vorher nicht wusstest, wo. Wenn du Möwen siehst, könntest du am Strand gelandet sein – oder an der Müllkippe. Ist zielbewusstes Gehen doch besser? Oder kannst du vielleicht auch beides miteinander verbinden? Du hast ein Ziel, bist aber nicht darauf festgelegt. Und wenn dich der Weg woanders hinführt, kann das eine schöne Überraschung sein.

Vielleicht sind Pläne auch einfach nur deshalb gut, damit du etwas hast, das du verwerfen kannst. Was meinst du?

71

Wer sollte dich mal kennenlernen?

Einundsiebzig

Das ist einer meiner liebsten Sprüche: „Du wirst mich kennenlernen!" Am besten in Verbindung mit einem wild wedelnden Zeigefinger vor meiner Nase. Wie oft mir das schon entgegengebrüllt wurde – unzählige Male. Dieser Satz ist eine Drohung, denn übersetzt bedeutet er: „Wenn du so weitermachst, wirst du mich von einer Seite kennenlernen, die ich bisher vor dir verborgen habe, und ich kann dir versprechen, das wird dir nicht gefallen. Wenn du wüsstest, wozu ich fähig bin."

Aber, wenn ich so darüber nachdenke, vielleicht ist der Satz nicht nur eine Drohung, sondern auch ein Versprechen. Denn es kann doch ganz reizvoll sein, alle Seiten eines Menschen kennenzulernen, oder? Vor allem, wenn man mit diesem Menschen einen längeren Lebensabschnitt verbringt, ist es hilfreich, nicht nur die Sonnenseiten zu kennen. Alle möchten doch so akzeptiert werden, wie sie sind. Und dazu gehören auch die schattigen Wesenszüge.

Ganz gleich, wie du diesen Satz verstehst: Wer sollte dich denn mal kennenlernen? Wer weiß bisher nur wenig über dich Bescheid und wem würdest du gern mehr über dich verraten? Ist es jemand, den du bewunderst, der dich aber bisher gar nicht beachtet hat? Oder ist es jemand, mit dem du dich ständig streitest? Und was würde das Dich-mal-Kennenlernen vielleicht ändern?

Was ändert sich zwischen Menschen, wenn sie sich näher kennenlernen? Oder legt der erste Eindruck alles fest? Ist er so mächtig, dass alle weiteren Eigenschaften, die man von seinem Gegenüber mitbekommt, von diesem ersten Eindruck eingefärbt sind?

72

Verändern oder gleich bleiben?

Zweiundsiebzig

Wusstest du, dass ich meinen ersten Fernsehauftritt bei der deutschen Version der amerikanischen Game-Show *Let's make a deal!* hatte? Die Frage erinnert mich daran. Denn in der Sendung spielte der Moderator mit Leuten aus dem Publikum um wertvolle und weniger wertvolle Gewinne. Im Finale gab es drei Tore, hinter denen sich jeweils ein Superpreis und zwei Nieten versteckten. Eine Kandidatin entschied sich zum Beispiel für den Inhalt von Tor 1, das erst noch verschlossen blieb. Vorher öffnete der Moderator eines der anderen beiden Tore – mit einer der beiden Nieten. Dann durfte sich die Kandidatin entscheiden: Änderte sie ihre Auswahl oder blieb sie bei Tor 1?

Veränderung ist immer mit dem Risiko verbunden, dass eine Situation schlechter wird. Deshalb sträuben sich viele Menschen davor. Neue, unbekannte Umstände können stressig werden. Immer gleiche Abläufe dagegen geben eine gewisse Sicherheit. Sich immer direkt nach dem Aufstehen die Zähne zu putzen, kann langweilig sein, aber immerhin ist die Gefahr sehr gering, mit ungeputzten Zähnen aus dem Haus zu gehen.

Auf der anderen Seite können Veränderungen auch ungeahnte neue Möglichkeiten bringen. Ohne die würden wir uns nicht weiterentwickeln, weil wir immer gleich bleiben. Das wäre sehr langweilig.

Übrigens war es bei *Let's make a deal!* statistisch gesehen vorteilhafter, die Torwahl zu ändern. Angenommen, hinter Tor 1 versteckt sich der Hauptgewinn. Wenn du Tor 1 wählst und deine Wahl änderst, verlierst du. Pech gehabt. Wenn du Tor 2 wählst und deine Wahl änderst, gewinnst du. Wenn du Tor 3 wählst und deine Wahl änderst, gewinnst du. Also gewinnst du bei 2 von 3 Möglichkeiten mit einer Veränderung.

Was meinst du: Gilt das überall?

73

Von wem hättest du nie erwartet, dein Vorbild zu sein?

Dreiundsiebzig

Wer sind deine Vorbilder? Hast du eins oder mehrere? Und gibt es vielleicht Vorbilder, für die du dich ein wenig schämst? Das kann vielfältige Gründe haben: Manche Figuren, die man super findet, sind vielleicht nicht mehr ganz so altersgerecht – auch wenn ihre „Yo, wir schaffen das!"-Haltung bewundernswert ist. Oder aber sie sind einem peinlich. Es gibt auch Anti-Vorbilder, also Leute, von denen du sagst: „So möchte ich auf keinen Fall werden."

Welches dieser Vorbilder überrascht dich selbst am meisten? Mir ist es etwas unangenehm, davon zu berichten, aber eines meiner sehr überraschenden Vorbilder ist das Navi im Auto. Oder genauer, die Stimme aus dem Navi, die mir sagt, wo ich entlangfahren soll.

Nicht nur weiß sie – fast immer –, wo sie ist, welches Ziel sie hat und wie sie es erreichen kann. Unglaublich beeindruckend finde ich ihre Ruhe und Geduld. Die Stimme ist niemals sauer auf mich. Egal, wie ich Auto fahre oder ob ich schon wieder Links und Rechts verwechselt habe, sie sagt einfach nur: „Die Route wird neu berechnet." Kein Geschimpfe, kein Augenrollen, kein genervtes Stöhnen – egal welchen Fehler ich mache, es gibt eine Neuberechnung und sie sagt mir, wo ich jetzt abbiegen soll.

Diese Gelassenheit! Was für ein Vorbild! Stell dir vor: Plötzlich passiert etwas ganz Unerwartetes, und statt dass du dich aufregst, andere Menschen anbrüllst und dich fragst, wie doof man sein kann, schaust du dir einfach an, wo du jetzt bist, und berechnest deinen Weg neu. Einfach so, weil dir gar nichts anderes übrig bleibt.

Hast du mal ein Vorbild entdeckt, wo du es niemals erwartet hättest?

74

Gerade oder schräg?

Vierundsiebzig

Es kommt darauf an, um was es geht. Bei Bildern habe ich es lieber, wenn sie gerade hängen. Geschichten gefallen mir besser, wenn sie schräg sind. Eigentlich ist mir bei fast allen Sachen sofort klar, ob ich sie lieber gerade oder schräg bevorzuge. Nur wenn ich mir ein Sandwich frisch belegt habe, überlege ich, wie ich es in zwei Hälften schneiden soll. Ich kann mich einfach nicht entscheiden: Gerade oder schräg?

Ein diagonaler Schnitt durch die Mitte sieht schöner aus und hat den großen Vorteil, dass es dadurch mehr Sandwich ohne Rand gibt. Denn angenommen, so eine Scheibe Sandwichbrot ist quadratisch und jede Seite ist 11 Zentimeter lang. Ein schräger Schnitt durch die weiche Mitte gibt mir 15,5 Zentimeter Brot ohne Rand. Das sind viereinhalb Zentimeter mehr softe Außenkante, als wenn ich das Brot gerade durchschneiden würde. (Ja, für diesen Moment hat mein Mathelehrer hart gearbeitet. Heute bin ich froh, dass ich den *Satz des Pythagoras* auswendig lernen musste, weil ich damit Toastschnittkanten berechnen kann: $a^2+b^2=c^2$. Das kann ich sogar rülpsen. Sprich mich gern bei der nächsten Lesung darauf an.) Der Nachteil einer dreieckigen Sandwichscheibe ist, dass sie in kaum eine Brotbox reinpasst. Wenn man die Scheibe gerade durch die Mitte schneidet, bekommt man zwei rechteckige Hälften, die kompakt sind und sich viel besser transportieren lassen.

Wie schneidest du dein Sandwich? Hast du dir jemals Gedanken darüber gemacht, warum du diese eine Art bevorzugst? Und wie ist es abgesehen von Sandwiches? Ich schaue gern schräg auf Dinge. Also seitlich verrückt, weil sich dann meist neue Perspektiven und Erkenntnisse ergeben. Hast du das schon mal versucht?

75

Laura-Marie fragt:

Würdest du lieber in die Zukunft sehen oder die Vergangenheit verändern können?

Fünfundsiebzig

Auf jeden Fall: Danke, Laura-Marie!

In die Zukunft sehen zu können, finde ich sehr verlockend, weil ich mir weniger Sorgen um sie machen müsste. Denn ich weiß ja schon, was kommt. Oder ist das erst recht ein Grund, sich Sorgen zu machen? Könnte es sein, dass die Zukunft so düster ist, dass ich gar nicht wissen möchte, was uns alles erwartet? Dann ist es vielleicht doch besser, die Vergangenheit zu ändern.

Wenn ich aber Ereignisse aus meiner Vergangenheit ändern würde, hätte das auch zur Folge, dass ich nicht mehr der Mensch wäre, der ich jetzt bin. Denn alles, was passiert ist, hat mich an diesen Punkt meines Lebens gebracht. Und wenn ich noch weiter zurückliegende Geschehnisse ungeschehen machen könnte – etwa den Zweiten Weltkrieg –, dann hätte das Folgen, die nicht absehbar wären. Meine Oma hätte vielleicht niemals meine Mutter zur Welt gebracht. Und ohne sie sähe es für mich auch düster aus.

Vielleicht nehme ich aber auch die Abfolge der Zeiten zu eng. Wenn ich mir eine mögliche Zukunft vorstelle und davon vielen Menschen erzähle und diesen Menschen mein Zukunftsbild gefällt, dann wird diese Zukunft immer wahrscheinlicher. Mit jeder Entscheidung im Jetzt verändert sich die Zukunft. Und wenn diese Zukunft zur neuen Gegenwart geworden ist, und die jetzige Gegenwart zur Vergangenheit, dann habe ich ja mit allen Entscheidungen diese Vergangenheit verändert. Und zwar in einer Weise, dass die vorherige Zukunft – also die dann vorhandene Gegenwart – eingetroffen ist.

Heißt das also, ich kann jetzt schon in die Zukunft sehen und die Vergangenheit verändern, genauso wie ich in die Vergangenheit sehen und die Zukunft verändern kann? Was meinst du?

76

Woher weißt du, was du weißt?

Überleg mal, was du alles weißt. Das ist bestimmt sehr viel. Eine Menge deines Wissens hast du wahrscheinlich durch eigene Erfahrungen gesammelt. Du kennst den Weg von der Haltestelle zu dir nach Hause, weil du ihn sehr oft gegangen bist. Du weißt, dass montags die Müllabfuhr eure Tonnen leert, weil du das regelmäßig siehst und weil bei euch zu Hause in der Küche ein Plan mit den Müllabfuhrterminen hängt. Du weißt wahrscheinlich auch, dass Tokio die Hauptstadt von Japan ist. Aber woher weißt du das? Aus einem Reiseführer? Kann sich die Hauptstadt Japans ändern, ohne dass du es merkst? Dann glaubst du, du würdest etwas wissen, weißt es aber tatsächlich gar nicht.

Es gibt die Geschichte des griechischen Philosophen Sokrates, in der er sich mit schlauen Menschen unterhält und merkt, dass diese glauben, etwas zu wissen, obwohl sie es nicht wissen. Sokrates bemerkt, dass er bestimmte Dinge auch nicht wisse, aber – anders als andere – auch nicht glaube, sie zu wissen. Das sagt sein berühmter Satz: „Ich weiß, dass ich nicht weiß."[6] Viele kennen den Satz so: „Ich weiß, dass ich nichts weiß." Aber für Sprachforschende stimmt die Übersetzung des griechischen Texts ohne das „s"[7]. Wusstest du das?

Wissen lässt sich testen: Was ist 2 + 2? Wissen lässt sich erklären: Wie hast du herausgefunden, dass das Ergebnis 4 ist? Und über Wissen lässt sich nachdenken: Woher weißt du, ob 4 stimmt?

Übrigens: Falls dein Japan-Reiseführer ganz alt ist, hältst du womöglich Kioto für die Hauptstadt Japans. Das war sie früher auch. Damit ist Japan das einzige Land der Erde, in dem die alte Hauptstadt dieselben Silben hat wie die neue nur vertauscht.

77

Nadine fragt:

Ab welchem Alter ist man richtig alt?

Siebenundsiebzig

Roger Daltrey von der Band *The Who* sang: „I hope I die before I get old.“ Auf Deutsch: „Ich hoffe, dass ich sterbe, bevor ich alt werde.“ Ein nachvollziehbarer Satz, wenn man gerade rebellische 21 Jahre alt geworden ist und Rockmusik macht. Aber je länger ich darüber nachdenke, desto mehr komme ich zu dem Schluss, dass der Tod eigentlich ein sehr sicheres Zeichen dafür ist, richtig alt zu sein. Denn wenn man erst mal gestorben ist, kann man auf keinen Fall noch älter werden.

Altern tun wir ja unabhängig von unserem Alter. Selbst die jüngsten Menschen werden jede Sekunde älter. Ungefähr mit zwanzig Jahren kann man das dann auch spüren: Die Leistung der Lunge nimmt leicht ab, was zur Folge hat, dass weniger Sauerstoff ins Blut kommt und die Ausdauer etwas nachlässt. Die Haut sieht nicht mehr ganz so frisch aus. Und auch das Gehör lässt etwas nach. Ein sicheres Zeichen dafür, dass man alt ist: Man fängt an, darüber nachzudenken – oder schreibt direkt einen Song.

Die einzelnen Altersstufen, die wir durchmachen, sind so wie die Farben des Regenbogens. Wir erkennen den roten Bogen und den orangefarbigen, den gelben, den grünen, den blauen und den violetten. Aber selbst wenn wir noch so genau hinschauen, erkennen wir nicht, wo die eine Farbe aufhört und die andere anfängt. So ähnlich stelle ich mir das mit dem Richtig-Alt vor. Ich weiß ungefähr, wie ein richtig alter Mensch aussieht, aber wann genau dieses Alter beginnt, ist einfach schwer zu sagen. Wie siehst du das?

Übrigens hat die Band *They Might Be Giants* zu dem Thema auch ein Lied geschrieben, das mir viel besser gefällt: „And I hope that I get old before I die.“

78

Eule oder Lerche?

Achtundsiebzig

Welcher Vogel bist du? Eulen sind meist nachts unterwegs. Ihr Ruf ist gut erkennbar, wenn auch nicht sehr melodisch. Lerchen dagegen sind tagaktiv und haben einen abwechslungsreichen Gesang, der Dichter inspiriert hat.

In einem ganz bestimmten Forschungsbereich stehen diese Tiere noch für etwas ganz anderes als nur für Vogelarten. In der Chronobiologie, das ist die Wissenschaft, die sich mit den zeitlichen Abläufen in unserem Körper beschäftigt, werden zwei Typen von Menschen unterschieden: Es gibt die „Eulen“ und die „Lerchen“. „Eulen“ werden die Menschen genannt, die eher abends und nachts ihre aktive Phase haben. „Lerchen“ sind die Frühaufsteher.

Menschen haben ein inneres Zeitgefühl entwickelt, das sich im Lauf der Evolution an die Länge von Tag und Nacht angepasst hat. Dieser Rhythmus bestimmt auch, wann wir müde oder wach sind. Das ist bei uns Menschen ganz unterschiedlich, denn es gibt 20 verschiedene Gene, die festlegen, ob wir „Eulen“ sind oder „Lerchen“.

Leider stimmen Aufwachzeit und Binwachzeit nicht immer überein. Das merkst du, wenn du morgens in der Schule oder bei der Arbeit nicht klar denken kannst, weil dein Körper noch schlafen möchte.

Stell dir vor, du würdest dich um eine Note verbessern, nur weil du später zur Schule kommen dürftest. (Das gibt es tatsächlich.) Oder du würdest keinen Wecker mehr haben, weil du nicht zu einer bestimmten Uhrzeit bei der Arbeit sein müsstest. Für mich wäre das wie Urlaub, obwohl ich arbeiten gehen würde.

Weißt du, welcher Typ du bist? Kommst du morgens ohne Wecker nicht aus dem Bett? Und kannst du abends einfach nicht einschlafen, wenn es noch vor Mitternacht ist?

79

Petra fragt:

Geburtstagskuchen – allein aufessen oder mit anderen teilen?

Neunundsiebzig

Danke fürs Teilen deiner Frage, Petra!

Dieser Geburtstagskuchen ist ein ganz besonderer Kuchen, denn es gibt ihn erstens nur zum Geburtstag, und er ist zweitens dein uneingeschränkter Lieblingskuchen. Das heißt, du kannst diese Köstlichkeit nur einmal im Jahr essen.

Teilen ist ein Zeichen von Großzügigkeit. Und Großzügigkeit ist gut für uns. Forschende haben nämlich Folgendes herausgefunden: Wenn du freundlich und selbstlos etwas abgibst, dann erhöhst du das Wohlbefinden anderer Menschen. Sie fühlen sich gut, weil du ihnen etwas geschenkt hast und sie mehr haben als vorher. Und obwohl du nach dem Teilen weniger besitzt, ist das Merkwürdige dabei, dass du auch dein Wohlbefinden gesteigert hast. Denn wenn du etwas gibst, wird es wahrscheinlicher, dass dein Gegenüber dir bei Gelegenheit auch etwas gibt. Schon fängt im besten Fall ein Großzügigkeits-Ping-Pong an, und in deinem Gehirn werden die Bereiche aktiv, die dafür sorgen, dass du dich gut fühlst. Außerdem kann deine Großzügigkeit inspirierend für viele andere Menschen sein, die dann vielleicht auch eher etwas von ihrem Kuchen abgeben. So gesehen, gewinnen mit Großzügigkeit alle.

Würdest du den Kuchen dennoch für dich behalten? Ich könnte mir nämlich vorstellen, dass ich denke: Das ganze restliche Jahr teile ich ständig irgendetwas mit anderen Menschen – Essen, Spielzeug, Zeit. Warum sollte ich an meinem Geburtstag, an diesem einen Tag im Jahr, nicht einfach nur an mich denken?

Teilst du gern? Gibt es Situationen, in denen es dir leichter fällt? Hängt es vielleicht von deiner Stimmung ab? Lässt sich Teilen trainieren? Weißt du noch, wie dir deine Eltern Teilen beigebracht haben?

80

Lena fragt:

Altert man noch, wenn man gestorben ist?

Achtzig

Einerseits altert man nicht mehr. Denn wenn man gestorben ist, ist man tot.

Andererseits verwest ein toter Körper und wird so zur Nahrung von Pilzen, Bakterien und Insekten. Die wiederum sind Lebensgrundlage für größere Lebewesen. Das heißt, auch wenn wir tot sind, sind unsere Überreste noch Teil eines lebendigen Kreislaufs. Das ist das Faszinierende und auch das Tröstliche am Tod: Obwohl man selbst nicht mehr da ist, ist man doch noch da. Zumindest die kleinsten Teile, aus denen unser Körper besteht, die Atome, bestehen in anderer Form weiter.

Wenn du glaubst, dass es ein Leben nach dem Tod gibt, dann hat Lenas Frage noch eine andere Dimension. Angenommen, man trifft sich nach dem Tod wieder. Sind dann die Leute, die lange vor dir gestorben sind, in dem Alter geblieben, in dem sie starben? Oder sind sie älter geworden? Lenas Schwester ist nämlich gestorben, als sie sieben Jahre alt war, und Lena wurde erst vier Jahre später geboren. Würde Lena ihre Schwester als siebenjähriges Kind wiedertreffen oder als erwachsene Frau, die elf Jahre älter ist als sie selbst? Und wenn Lena ihre Großmutter wiedertrifft? Würde sie die demente, tattrige Oma wiedertreffen oder die fitte Oma, mit der sie so viel Spaß hatte?

Warum aber sollten im Jenseits die gleichen Regeln gelten wie bei uns? Ich stelle mir vor, dass wir im Jenseits in allen Altern gleichzeitig existieren. Wenn du und deine Oma sich begegnen, könnte sie sich als junge Frau sehen, während du sie als Oma siehst, mit der du so viel Spaß hattest. Und niemand von euch würde den Unterschied bemerken.

Vielen Dank, Lena!

81

Superheldin oder Superschurke?

Einundachtzig

Allein das Wort „Schurke“ ist schon sehr beeindruckend. Es beginnt mit diesem bedrohlichen, weil stimmlosen Sch-Laut. Direkt danach bahnt sich ein ehrfürchtiges „Uuh“ den Weg durch die Mundhöhle, gefolgt von einem furchteinflößenden „Rrr“, das brutal abgeschnitten wird mit einem explosiven „K“. Allein wegen dieses Worts müsste man schon für die Schurken sein.

Der Klang von „Held“ wirkt dagegen geradezu einfach und bescheiden. Das passt perfekt, denn wenn Superhelden nicht im Kostüm Menschen retten, dann sind sie eher zurückhaltend und unauffällig. Viele Leute wissen gar nicht, dass *Spider-Man* vor ihnen steht, wenn sie mit *Peter Parker* sprechen. Stell dir vor, die ganze Welt schwärmt von *Shadowfox* – oder wie auch immer dein Supername lautet – und nur du weißt, dass du es bist. Du hilfst, um zu helfen, und nicht um Bestätigung von anderen zu bekommen. Ich muss sagen, das hat etwas sehr Reines und Makelloses. Nachahmenswert.

Was entspricht eher deinen Vorlieben? Macht es dir Spaß, anderen Menschen – nein, der ganzen Welt – ein Beinchen zu stellen oder gehörst du zu denen, die hilfsbereit sind, wo sie nur können? Vielleicht wärst du gern mal genau das Gegenteil von dem, wie du eigentlich bist.

Ich kann mir gut vorstellen, dass es mir sehr viel ungesunden Spaß machen könnte, ein Superschurke zu sein. Ich würde die Weltherrschaft an mich reißen und wäre der große Bestimmer. Nichts und niemand könnte mich aufhalten. Außer vielleicht ein Superheld. Alle würden ihn bewundern, weil er mich gestoppt hätte. Und das Verrückte dabei ist: Er braucht diese Anerkennung gar nicht. Aber ich als Superschurke will sie. Deshalb mache ich den ganzen Schurkenkram ja. Ist vielleicht doch nicht der richtige Weg. Oder?

82

Worin sind andere Leute überraschend schlecht?

Zweiundachtzig

Jeder Mensch hat mindestens ein außergewöhnliches Talent. Manchmal benötigt man etwas Zeit, um diese Fähigkeit bei sich selbst zu finden. Ich habe zum Beispiel erst Jahre nach Ende meiner Schulzeit festgestellt, dass ich einhändig klatschen kann. Was für ein unglaubliches Talent! Diese lange Zeit des Suchens ist manchmal wirklich ungünstig, denn die Berufswahl wäre so viel einfacher und weniger frustrierend, wenn man früh genug wüsste, was man gut kann. Obwohl ich zugeben muss, dass ich immer noch nicht sicher bin, was ich mit einhändigem Klatschen beruflich erreichen könnte. Vielleicht zum Fernsehen.

Es ist doch merkwürdig, dass es viel leichter fällt, die Talente anderer Menschen zu entdecken, als die eigenen. Dabei sollte man sich selbst doch am besten kennen. Manchmal kommt es auch vor, dass man sich fragt: „Warum stellen sich die anderen dabei so an? Das ist doch komplett einfach!" Was fällt anderen Menschen schwer, das dir ganz leichtfällt? Kannst du vielleicht schnell Fehler finden, jedes Musikinstrument spielen, andere Menschen zum Lachen bringen? Kannst du ein leckeres Essen zubereiten aus den Zutaten, die du in der Küche findest? Kannst du zeichnen, Blumensträuße binden oder Geschichten erzählen? Fällt dir immer etwas ein, selbst wenn andere keine Ideen mehr haben?

Kann es sein, dass man die eigenen Fähigkeiten oft übersieht, weil man sie für selbstverständlich hält? Was wäre das bei dir? Und was bereitet dir überhaupt keine Probleme, während es dich gleichzeitig überrascht, dass sich andere Menschen damit abmühen? Könnte das dann dein großes Talent sein? Faszinierend oder, dass du erst merkst, was du kannst, wenn du siehst, wie alle anderen es nicht können

83

Still oder sprudelnd?

Dreiundachtzig

War Wasser dein erster Gedanke? Das würde mich nicht wundern. Von allen Fragen, die ich regelmäßig gestellt bekomme, ist das wohl die häufigste. Bevor ich beispielsweise im Tonstudio Hörbücher oder Texte für Sachgeschichten aufnehme, darf ich mir meistens aussuchen, ob ich stilles oder sprudelndes Wasser trinken möchte. Damit der Mund beim vielen Sprechen nicht zu trocken wird. Natürlich entscheide ich mich – Profi, der ich bin – durchweg für sprudelndes Wasser. Das hat einfach viel mehr Wumms.

Ach, ich wünschte, es wäre so. Denn ich mag den sauren Geschmack von sprudelndem Wasser ganz gern. Tatsächlich aber entscheide ich mich bei der Arbeit für das stille Wasser, damit ich eben nicht die ganze Zeit ein Bäuerchen nach dem anderen von mir gebe und den Menschen, die mit mir arbeiten und Kopfhörer tragen, die Ohren vollrülpse.

Ist dir schon aufgefallen, dass sprudelndes und stilles Wasser ganz unterschiedlich schmecken? Hast du mal einen direkten Vergleich gemacht und dir zwei Gläser Wasser eingeschenkt? Eins mit stillem und eins mit sprudelndem Wasser?

Und wo ich gerade so vor mich hin sprudele – diese Frage hat noch einen stillen zweiten Teil. Bist du eher sprudelnd oder still? Ich gehörte tatsächlich immer schon zu den Stillen und schaute leicht neidisch auf alle, die einfach so drauflosplappern konnten. Selbst in meinen Zeugnissen stand über Jahre: „Ralph könnte sich mehr am Unterricht beteiligen. Denn wenn er etwas sagt, sind seine Beiträge gehaltvoll."

Es grenzt an ein Wunder, dass ich beim Fernsehen gelandet bin und mich wohlfühle. Meine Hauptaufgabe ist dort schließlich das Reden. Vielleicht war das genau die Herausforderung, die nötig war.

84

Kannst du rückwärts denken?

Vierundachtzig

.außen nach innen von – gehen zu rückwärts Weg den ‚Trick einfachste
der ist ‚finden zu Weg richtigen den Um ?kommen zu Mitte zur außen von
um ‚musst zeichnen Labyrinth ein durch Weg einen du denen in ‚Rätsel
diese du Kennst .planen rückwärts wie mich für ist denken Rückwärts

.schlüssig total dennoch ist ‚passiert Ende bis Anfang von Geschichte
meiner in was ‚Alles .habe vorgestellt anfangs mir ich das ‚hin Ende das
auf Ereignisse aller Abfolge die dann führt ‚erzählt Vorwärts .überlegen
Ursachen weitere mir und zurückdenken Geschichte der Anfang zum bis
ich kann So .wurde gelassen fallen einfach Tasse eine weil ‚gekommen
dorthin sind die Und .passen würden Boden dem auf Scherben .wird
werden gesagt Satz dieser damit ‚könnte sein passiert was ‚mir überlege
Ich .rückwärts oft ich denke dann ‚“Schrank im Tassen alle mehr nicht
wirklich hast Du„ :sagen Ende am soll Hauptfigur die und ‚schreibe Ge-
schichte eine Beispiel zum ich Wenn !es ist ‚Ja ?möglich überhaupt dann
denken rückwärts Ist

.nicht das funktioniert Wirklichkeit in denn ‚sein Video laufendes
rückwärts ein muss Das :sofort auch wir wissen dann Aber .an rückwärts
Video ein uns schauen wir Außer .werden Tasse einer zu und zubewegen
aufeinander Scherben viele sich dass ‚nie sehen Wir .Scherben viele in
zerspringt und Boden den auf fällt Tasse Die :Wirkung eine hat Ursache
diese Und .los Tasse eine Beispiel zum lasse Ich :Ursache eine gibt Es :so
ist Ereignisse meisten der Ablauf Der .machen täglich wir die ‚Erfahrun-
gen den an wahrscheinlich liegt Das .lesen vorwärts auch sonst wir wie
Genau .vorwärts wir denken Normalerweise

85

Wenn du in einer anderen Familie leben müsstest, welche wäre das?

Fünfundachtzig

Im Allgemeinen kannst du dir deine Familie nicht aussuchen. Du hast Glück oder Pech, aber Familie ist Familie. Es sei denn, du machst bei einem Schüleraustausch mit. Da kannst du wechseln, wenn du mit deiner Gastfamilie überhaupt nicht zurechtkommst.

Ich war mal Austauschschüler in den USA. Als ich am Flughafen in St. Louis ankam, wartete ich darauf, dass mich meine Gastfamilie abholte. Niemand kam. Es war 1988 – ich war noch Jahre von meinem ersten Handy entfernt. Ich stand ganz allein auf einem unbekannten Flughafen in einem fremden Land und war komplett verloren. Dann fragte mich eine Mitarbeiterin des Bodenpersonals, ob sie mir helfen könne. Ich stammelte und wusste nicht, was ich sagen sollte. Plötzlich lief eine Frau auf uns zu, mit dicker Brille und breitem Grinsen, nahm mich in den Arm und sagte: „Sorry! I'm Sharon." Sharon war meine Gastmutter. Sie hatte Probleme mit ihrem Auto gehabt, deshalb kam sie viel zu spät am Flughafen an. Mir fiel ein Stein vom Herzen.

Später erzählte mir meine neue Familie, dass sie bereits in zwei Wochen nach North Carolina umziehen müsste – leider ohne mich. Doch sie versprach, für mich eine gute andere Familie zu finden.

Zwei Wochen sind kurz, aber meine Familie und ich hatten schnell gemerkt, dass wir gut zueinander passten. Und so fragten mich meine Gasteltern, ob ich mit ihnen an die Ostküste ziehen wolle. Ich wollte und verbrachte den Rest meiner Zeit dort mit ihnen.

Letzten Sommer traf ich Sharon und meine zweite Familie in Portugal wieder. Das war wie ein Nachhausekommen. Wenn ich mir eine Familie aussuchen müsste, dann eine, die dieses Gefühl auslöst: Hier bin ich richtig, genau wie ich bin.

Was macht deine Familie aus?

86

Langsam oder schnell?

Sechsundachtzig

Mal ist es einfach gut, Sachen schnell zu erledigen. Damit das funktioniert, hilft es mir, nicht lange darüber nachzudenken, sondern direkt anzufangen. Vor allem, wenn es sich um Aufgaben handelt, die mich echt nerven, wie Hausarbeit, Aufräumen, mit dem Hund Gassi gehen – ich aber noch so viel anderes zu tun habe.

Es gibt eine Sache, die mit Geschwindigkeit zu tun hat, für die ich mich ein wenig schäme: Ich habe mal eine Serie geschaut und dabei die Funktion benutzt, bei der das Video doppelt so schnell abgespielt wird. Die einzelnen Folgen waren aber auch so langsam erzählt – und ich dachte wieder: „Ich habe noch so viel anderes zu tun."

Die höhere Geschwindigkeit nutze ich auch regelmäßig bei Hörbüchern. Zuerst lasse ich sie in normaler Geschwindigkeit ablaufen, und wenn ich mich an die Stimme gewöhnt habe, steigere ich das Tempo. Auf diese Weise kann ich doppelt so viele Bücher hören, während ich viele andere Sachen erledige.

Was ich auch lieber nicht langsam mache, ist Gehen. Manchmal fange ich einfach an zu rennen. Es juckt mich richtig in den Beinen, weil ich schneller vorwärtskommen will.

Genau das Gegenteil passiert übrigens, wenn ich lange Strecken mit dem Auto fahre. Auf dem Weg in den Urlaub bin ich etwas langsamer unterwegs als die meisten anderen auf der Autobahn. Ich schalte den Tempomaten ein und muss nie abbremsen, weil mich alle überholen. So kann ich ganz entspannt die Autobahn entlangsausen.

Was gefällt dir schnell besser? Und was kannst du nur genießen, wenn es langsam passiert? Hast du es mal umgekehrt versucht? Wie war das?

87

Christina fragt:

Was machst du, wenn du eine Lehrerin oder einen Lehrer privat triffst?

Siebenundachtzig

Wenn ich früher mal einem Mitglied des Schulkollegiums privat begegnete, also nicht in der Schule zu den üblichen Zeiten, sondern zum Beispiel auf der Straße, im Supermarkt oder (Panik!) auf einer Party, dann versuchte ich in der Regel so unauffällig wie möglich auf Tauchstation zu gehen. Nach dem Motto: „Diese Begegnung hat niemals stattgefunden." Das war leider immer sehr viel auffälliger, als ich es geplant hatte: Man kann natürlich so tun, als würde man in einer Pizza lesen wie in einer Zeitung, es hat dummerweise nicht den erwünschten Effekt. Denn anstatt mit der Umgebung zu verschmelzen und wie ein Geheimagent unsichtbar zu werden, fiel ich richtig auf.

Lehrerinnen und Lehrer begleiten uns verhältnismäßig lange. Trotzdem kennen wir sie oft nur in dieser einen Rolle: als Menschen, die uns etwas beibringen sollen und die uns dann Noten dafür geben, wie gut oder schlecht sie das geschafft haben. Dass sie auch normale Menschen mit normalen Leben sind, bekommen wir normalerweise nicht mit. Und wenn wir sie außerhalb der Schule treffen, merken wir, wie wenig wir von ihnen wissen. Und sie von uns. Vertraut auf der einen Seite, fremd auf der anderen – kein Wunder, dass unser Gehirn dann nicht weiß, was es tun soll, und wir uns lieber eine Pizza ins Gesicht schmieren.

Es gab aber auch Lehrerinnen und Lehrer, die es durch ihre Art geschafft haben, eine Verbindung zu uns aufzubauen, die auch außerhalb der Schule funktionierte. Bei denen hat der Unterricht meist sehr viel mehr Spaß gemacht. Was war wohl bei denen anders? Wie ist es bei deinen Lehrern und Lehrerinnen? Was unterscheidet die einen von den anderen?

Dankeschön, Christina!

88

Kannst du alles richtig super finden?

Achtundachtzig

Es gibt Dinge, bei denen es mir leichtfällt, sie super zu finden: freie Tage, Süßigkeiten, Hundewelpen. Viel schwieriger ist es, so etwas wie Durchfall, Zahnarztbesuche oder unangenehme Gespräche mit der Verwandtschaft richtig super zu finden. Es gelingt mir dann, wenn ich es schaffe, das Gute oder Nützliche daran zu entdecken. Mit Durchfall sollte man besser zu Hause bleiben, was manchmal ganz nett sein kann. Es ist unbestritten äußerst positiv, wenn mein Zahnarzt abgebrochene Zähne repariert. Und wenn ich meiner Großtante beichte, dass ich zum Geburtstag wirklich keine weiteren selbst gemalten Katzenbilder geschenkt bekommen möchte.

Diese Katzenbilder sind wie ein Unfall, bei dem man nur hilflos gaffen kann. Es ist nahezu unmöglich, sie richtig super zu finden. Aber auch das funktioniert. Denn seitdem sie in meinem Büro hängen, ziehen sie alle Blicke auf sich, und es ist wirklich lustig zu beobachten, welche Gesichter die Leute machen, während sie auf die gemalten Katzen starren.

Natürlich gibt es auch große Unglücke. Wenn ein Freund von mir ins Krankenhaus kommt, kann ich nicht sagen: „Ich finde das richtig super!“, weil ich es nicht richtig super finde, wenn es einem Freund schlecht geht. Aber wenn ein bisschen Zeit vergangen ist, kann ich auch solch einer Situation was abgewinnen. Im Krankenhaus hat dieser Freund von mir nämlich die Liebe seines Lebens gefunden. Und das ist richtig super!

Was meinst du, kannst du alles positiv sehen? Kannst du deinen Blickwinkel ändern und dadurch vielleicht Zusammenhänge erkennen, die dir vorher nicht klar waren? Wird es einfacher, je mehr Zeit vergeht? Fühlt es sich richtig oder falsch an, wenn du versuchst, alles super zu finden? Und was macht es mit deiner Laune?

89

Kannst du alles richtig scheiße finden?

Neunundachtzig

Es ist erschreckend, wie leicht mir das fällt. Ich kann ohne große Mühe auf Kommando meinen Unterkiefer nach vorne schieben, meine Augen zusammenkneifen und alles richtig scheiße finden. Ich weiß nicht, warum das so einfach ist. Wenn ich einmal in dieser Haltung bin, kann ich alles leicht miesmachen. So finde ich selbst die verstecktesten Fehler und lege jede Schwachstelle offen. Das kann manchmal ganz hilfreich sein, weil diese Haltung meine Geistesgegenwart erhöht. Und Leute, auf die ich nicht gerade meine volle Aufmerksamkeit lenke, finden es sogar unterhaltsam. Für die, mit deren Unzulänglichkeiten ich mich aber auseinandersetze, ist es schwer, mich zu überzeugen, dass es auch gute Seiten gibt. Aus einer Mücke einen Scheiß-Elefanten zu machen, ist nämlich kein Problem für mich.

Ich kann ganz ausgezeichnet alles richtig scheiße finden. Nach einiger Zeit sogar mich selbst. Und sogar das Richtig-scheiße-Finden finde ich dann richtig scheiße. So merke ich, wie ermüdend es sein kann – und dass es mir auf Dauer nicht guttut.

Was für ein einzigartiges Gefühl, einerseits den Spaß am Zerfleddern und Niedermachen zu haben, andererseits die Bitterkeit zu schmecken, wenn man merkt, dass es niemanden weiterbringt.

Es ist fast so wie bei *Star Wars*, wenn die dunkle Seite der Macht von Anakin Skywalker Besitz ergriffen hat. Dieser Weg ist so leicht zu gehen, führt aber nirgendwo hin, wo ich gern länger sein möchte. Kennst du das auch? Und wie schaffst du es, dich daran zu erinnern, dass es auch noch Schönes auf der Welt gibt?

90

Theo fragt:

Würdest du alle Ferien eintauschen, wenn du dafür nie wieder Schulaufgaben machen müsstest?

Neunzig

Falls du ein bisschen bist wie ich, dann ist dein erster Gedanke wahrscheinlich: „Na toll, das ist, als müsste ich mich zwischen Übergeben und Durchfall entscheiden." Es ist beides äußerst unangenehm.

Für mich gab es nie eine Zeit, in der ich mich über Schulaufgaben gefreut hätte. Ferien dagegen fand ich immer gut. Aber würde ich etwas Schönes aufgeben, um etwas Unangenehmes nicht mehr machen zu müssen?

Wenn ich ehrlich bin, war das nie nötig. Denn ich habe ziemlich oft keine Schulaufgaben gemacht. Die Schuld dafür, dass ich ohne vorzeigbare Ergebnisse im Unterricht auftauchte, gab ich unserem Hund, der scheinbar unglaublich gern das Papier meiner Arbeitshefte auffraß. Heute weiß ich, dass die Wissenschaft auf meiner Seite ist: Die meisten Schulaufgaben bringen gar nicht so viel, wie jahrelang vermutet wurde.[8]

Ferien dagegen bringen viel, nämlich Erholung, Entspannung und neue Energie. Sie kosten natürlich auch Zeit: Ohne Ferien würde sich deine Schulzeit um ein Viertel verkürzen. Und wenn du keine Schulaufgaben mehr machen müsstest, hättest du jeden Nachmittag frei und könntest täglich entspannen und schöne Sachen machen. Also doch die Ferien eintauschen, um nie wieder Schulaufgaben machen zu müssen? Die Hunde, die so gern Papier fressen, täten mir leid. Die müssten sich dann neue Aufgaben suchen.

Vielleicht geht es auch ganz anders. Wie wäre es, wenn die Schule so wäre, dass sie richtig Spaß machen würde? So viel Spaß, dass du jeden Tag nichts lieber tun würdest, als in die Schule zu gehen. Wie müsste so eine Schule aussehen? Gäbe es da noch Schulaufgaben?

Besten Dank,
Theo!

91

Terence fragt:

Was bringt dir Mut?

Einundneunzig

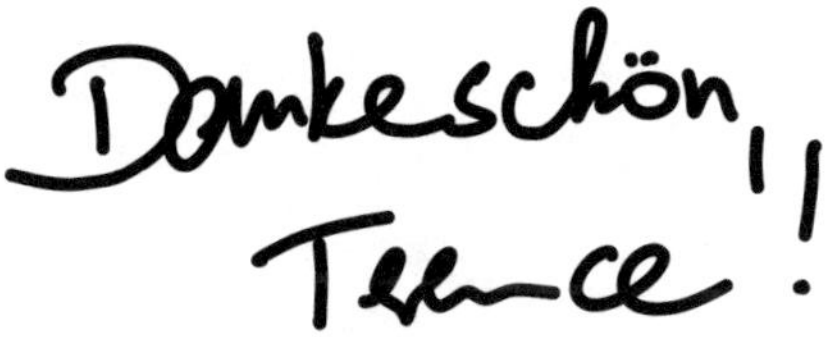

Ich mag an dieser Frage, dass sie so doppeldeutig ist. Beim ersten Lesen verstand ich: Wozu ist Mut nützlich?

Mut ist gut dazu, dass du Neues wagst und keine Angst vor dem Scheitern hast. Ein anderes Wort für Mut ist „Courage“. Das kommt aus dem Französischen und leitet sich ab von „cœur“, dem Wort für „Herz“. Dem ähnlich ist auch das englische Wort „core“, das „Kern“ bedeutet. Und passt das nicht gut zusammen? Der Kern eines erfüllten Lebens ist der Mut, Dinge zu wagen, vor denen man vielleicht Angst hat. Das ist so wichtig wie das Herz, das Blut durch den gesamten Körper pumpt.

Später schaute ich noch mal auf die Frage und fand darin eine ganz andere Bedeutung: Was macht dir Mut?

Das Seltsame ist, dass mir Mut Mut macht. Der Mut von anderen inspiriert mich, auch mutig zu sein und die Entscheidungen zu treffen, vor deren Folgen ich Angst habe. Mir macht aber auch mein eigener Mut Mut. Ich hatte zum Beispiel nie das Bedürfnis, allein in Urlaub zu fahren. Mir fehlte einfach der Mut. Dann wollte ich eines Tages nach London reisen, um eine tolle Ausstellung anzusehen. Aber keiner meiner Freunde hatte Zeit, mitzukommen. Also suchte ich meinen ganzen Mut zusammen und bin allein gefahren. Es war ein großartiges Wochenende. Nicht nur die Ausstellung war grandios, ich konnte auch ganz viele Ausflüge durch die Stadt machen, ohne dass jemand andere Dinge tun oder ins Hotel zurückgehen wollte. Ich konnte mich komplett auf das einlassen, was mir gefiel. Dass ich mich das getraut hatte, machte mir Mut, auch in andere Städte allein zu reisen.

Was macht dir Mut? Und wozu ist dieser Mut gut? Wann hat dich dein Mut zuletzt verlassen? Und wann hat er dich das letzte Mal so richtig überrascht?

92

Wenn du abends um 9 ins Bett gehst und morgens um 8 wieder aufstehst, woher weißt du, dass der Stundenzeiger wirklich fast eine Umdrehung gemacht hat?

Zweiundneunzig

Müsstest du nicht eigentlich die ganze Nacht wach bleiben und dem Zeiger zusehen? Und wenn du für einen Moment wegschaust, könnte sich der Zeiger in der Zeit nicht total schnell bewegen und zwei Runden machen?

Normalerweise schaust du nur hin und wieder auf die Uhr. Du könntest zwar mal einen ganzen Tag den Zeigern widmen, dir dein Essen bringen lassen oder die Uhr überallhin mitnehmen, um sie ständig zu beobachten. Aber selbst wenn du auf diese Weise feststellst, dass sich die Uhr äußerst regelmäßig bewegt: Könntest du dir wirklich sicher sein, dass sie das auch tut, wenn du nicht hinschaust? Vielleicht ist die Uhr ja so, wie ich in der Grundschule war: Sah meine Klassenlehrerin in meine Richtung, schaute ich sie freundlich und aufmerksam an. Drehte sie sich zur Tafel um, schnitt ich eine Grimasse nach der anderen. Drehte sie sich wieder der Klasse zu, stoppte ich und mein Gesicht sah wieder ganz normal aus.

Tatsächlich verlassen wir uns im täglichen Leben darauf, dass wir von vereinzelten Beobachtungen auf allgemeingültige Regeln schließen können. Oder anders: Wenn sich die Zeiger immer in der gleichen Weise bewegen, sobald wir auf die Uhr schauen, dann gehen wir davon aus, dass die Zeiger immer in gleicher Weise vorrücken, auch wenn wir nicht hinschauen. Wir vermuten, dass Dinge in der Zukunft genauso ablaufen, wie sie es in der Vergangenheit getan haben. Was aber, wenn es in der Zukunft keine Uhren mit Zeiger mehr gibt? Oder wenn mitten in der Nacht die Batterie der Uhr leer ist und die Zeiger sich gar nicht mehr drehen? Rate mal, wie oft ich aus diesem Grund schon verschlafen habe.

93

Würdest du lieber jede Lüge erkennen oder mit jeder Lüge davonkommen?

Dreiundneunzig

Wir Menschen sind ausgezeichnete Lügner. Unsere Gehirne haben sich im Lauf der Evolution zu immer besseren Lügnern entwickelt. Denn wer gut und unauffällig lügen konnte, hatte bessere Chancen, sich fortzupflanzen. Über Generationen wurde dieses Talent weitervererbt.

Lügen funktioniert nur dann, wenn man es schafft, gleichzeitig die Wahrheit zu denken und die Unwahrheit zu sagen. Das erfordert ein sehr weit entwickeltes Gehirn, also so eines, wie wir es heutzutage besitzen. Wenn ich also behaupte, unsere Gehirne sind zum Lügen gemacht, und sie können das sehr gut, dann ist das nicht gelogen.

Trotzdem hat die Lüge keinen guten Ruf. Stattdessen hat sie kurze Beine, was so viel heißt wie: Eine Lüge schafft nur in seltenen Fällen einen Marathon. Meistens bricht sie vorher zusammen. Vor allem natürlich, wenn du jede Lüge sofort erkennen würdest. Niemand könnte dir mehr etwas vormachen oder dich betrügen. Das wäre zum einen ganz beruhigend, denn du wüsstest immer die Wahrheit. Zum anderen aber werden Lügen auch dazu eingesetzt, die positive Stimmung zwischen Menschen nicht zu vermiesen. Denn wenn du allen Lügen gleich auf die Schliche kämest, wärst du wahrscheinlich von vielen Freunden tief enttäuscht.

Mit jeder Lüge davonzukommen, wäre da praktischer. Egal, was du erzählen würdest, die Menschen würden es dir glauben. Du könntest etwa während Klassenarbeiten alle deine Spickzettel auf den Tisch legen und lügen, dass nur Motivationssprüche draufstehen – zum Beispiel: „Du schaffst das, Ralph!" (Tatsächlich habe ich das mal in Latein gemacht. Hat funktioniert.)

Welche Fähigkeit würde dich mehr interessieren? Und warum? Hat dir eine Lüge schon mal richtig geschadet? Hast du gelogen oder bist du belogen worden?

94

Stefan fragt:

Möchtest du dich an alle Träume erinnern können oder ist es gut, dass die meisten schon beim Aufwachen verschwinden?

Vierundneunzig

Träume beschäftigen die Menschheit schon seit vielen Tausend Jahren. Kein Wunder, sie sind auch geheimnisvoll: Warum sehen wir Bilder und erleben Geschichten, während wir im Bett liegen und schlafen? So vielfältig wie die Träume sind auch die Versuche, sie zu erklären: Vielleicht sind sie einfach Wiederholungen von Situationen, die wir erlebt haben. Andere Forschende vermuten, dass Träume Erinnerungen sind, die wahllos im Hirn zusammengeworfen werden. Das könnte uns helfen, Lösungen für Probleme zu finden. Im Schlaf. Träume sind vielleicht dazu da, unsere Gefühle zu verarbeiten und zu ordnen. Es könnte auch sein, dass unser Gehirn nicht einfach ausgeschaltet werden kann und Träume so eine Art Bildschirmschoner sind. Der aktuelle Stand der Forschung ist, dass niemand genau weiß, wozu Träume da sind. Sicher ist nur: Irgendeine Funktion werden sie auf jeden Fall haben.

Ich träume gern. Und ich versuche auch, jeden Traum aufzuschreiben. Und sollte ich mich mal nicht an meine Träume erinnern, dann notiere ich sogar das in mein Traumtagebuch. Diese Gewohnheit hilft mir, mich immer besser an meine Träume zu erinnern.

Wenn du oft Albträume hast, die dafür sorgen, dass du mit schlechter Laune oder bedrückenden Gefühlen aufwachst, dann fragst du dich vielleicht: Warum sollte man sich freiwillig an solche Träume erinnern wollen? Wäre es nicht besser, sie sofort zu vergessen und stattdessen einen unbeschwerten Start in den Tag zu haben? Ich finde, dass die Beschäftigung mit meinen Träumen dafür sorgt, dass ich viel entspannter mit ihnen umgehe. Das geht sogar so weit, dass mir bei Monsterträumen einfällt: „Hey, das ist doch nur ein Traum!“ Das macht die Monster sehr schnell sehr zahm. Wie ist es bei dir?

95

Hast du schon mal den Highscore geknackt?

Fünfundneunzig

Im Dorf, in dem ich meine Jugend verbrachte, gab es einen Schnellimbiss, bei dem meine Freunde und ich uns Pommes holten. Das Essen war ein Vorwand, denn eigentlich trafen wir uns dort nur aus einem einzigen Grund: In der Frittenbude stand ein alter *Donkey Kong*-Spielautomat.

Dieser Automat war ein kleiner Schrank, in dem ein Bildschirm und ein Computer steckten. Man warf Geld ein und konnte dann das Spiel spielen, das auf diesem Computer lief. Diese Arcade-Spiele gab es, lange bevor alle eigene Spielekonsolen zu Hause hatten. Das heißt, wer Computerspiele spielen wollte, musste mit Kleingeld zum nächsten Schnellimbiss gehen.

Donkey Kong war das erste Jump-'n'-Run-Spiel. Mit einer kleinen pixeligen Figur – *Super Marios*™ erster Auftritt – musste man über Fässer springen und ein Gerüst hochklettern. Man bekam Punkte und hatte drei Leben. Waren die aufgebraucht, hieß es „Game Over" und man durfte sich in die Highscore-Liste eintragen. Und komischerweise war es oft viel befriedigender als das Spielen selbst, den eigenen Namen auf dem Bildschirm in der Frittenbude zu sehen. Besser gesagt das eigene Kürzel, denn man hatte nur drei Buchstaben zur Verfügung.

Jedes Mal, wenn wir uns am Imbiss trafen, warfen wir zuerst einen Blick auf die Highscore-Liste, um zu prüfen, ob unsere Kürzel noch da waren oder ob andere unsere Punktzahl übertroffen hatten.

Welchen Rekord hast du schon mal gebrochen? Musstest du lange trainieren oder war es ein glücklicher Zufall? Gab es schon mal andere Situationen in deinem Leben, die sich ähnlich angefühlt haben? Wo findest du das Ergebnis ergreifender als den Weg dorthin und wo ist es andersherum?

96

Jakob fragt:

Welcher Umstand hat dein bisheriges Leben am meisten geprägt und warum?

Sechsundneunzig

Forschende haben lange darüber gestritten, woher die Eigenschaften kommen, die uns Menschen ausmachen. Sind es unsere Gene, die bestimmen, wie wir sind? Werden wir als Wissenschaftlerin oder als Musiker geboren? Oder wird unsere Persönlichkeit geformt von den Erfahrungen, die wir machen, und der Umgebung, in der wir aufwachsen? Inzwischen hat man sich in der Wissenschaft geeinigt. Es ist klar geworden, dass weder das eine noch das andere unsere Intelligenz, unsere Vorlieben oder unsere anderen Persönlichkeitsmerkmale allein bestimmt. Es ist vielmehr ein Zusammenspiel aus allem, was wir von Geburt an mitbringen, und allem, was wir erleben.

Es könnte zum Beispiel sein, dass du ein sehr neugieriges Baby warst und deine Eltern das total niedlich fanden. Durch ihr Verhalten hast du gemerkt, dass Neugier gut ankommt, und wirst deshalb vielleicht in der Forschung landen. Wenn deine Eltern dagegen total gestresst davon waren, dass du alles in den Mund genommen und angesabbert hast, dann haben sie dir zur Ablenkung vielleicht einen Klöppel und eine Kuhglocke in die Hand gedrückt. Das könnte der erste Schritt deiner Rockstar-Karriere gewesen sein.

Wie ist es bei dir? Wer oder was hat dich am meisten geprägt? Ändert sich etwas, wenn du darüber nachdenkst?

Lieben Dank,
Jakob!

97

Ausnahme oder Regel?

Siebenundneunzig

Eine Regel in diesem Buch ist, dass ich zu jeder Frage eine Antwort schreibe. Was aber wäre, wenn ich jetzt einfach mal eine Ausnahme mache und stattdessen ein Elfchen dichte? (Diese Gedichtform kennst du bestimmt. Die Regel ist: Insgesamt besteht das Elfchen aus elf Wörtern: In der ersten Zeile eins, in der zweiten Zeile zwei, in der dritten drei, in der vierten vier, in der fünften wieder nur ein Wort.)

Elfchen
Sind leicht
Man muss nur
Gut zählen können.
Mist.

Deshalb mag ich Regeln: Wenn wir sie nicht hätten, könnten wir niemals Ausnahmen machen. Und das wäre doch total langweilig.

Welche Ausnahme sollte zur Regel werden? Welche Regel zur Ausnahme?

98

Womit belohnst du dich?

Achtundneunzig

Es ist sehr einfach, einer Katze „Sitz!“ beizubringen. Oder anders gesagt: Es war sehr einfach, meiner Katze diesen Trick beizubringen. Vielleicht hatte ich Glück, aber ich vermute stark, es lag hauptsächlich daran, dass ich die richtigen Leckerchen hatte. Und Geduld.

Es begann mit einem Zufall. Meine Katze war hungrig – es war kurz vor ihrer Abendmahlzeit – und sie kam in die Küche. Ich hatte zufälligerweise ein paar Katzenleckerchen in der Hand, als ich sah, wie sie anfing, sich hinzusetzen. Aus Spaß sagte ich „Sitz!“. Sie setzte sich, ich lobte sie und gab ihr das Leckerchen, das ich in der Hand hielt. Das wiederholte sich einige Male. Immer wenn ich sah, dass sie sich setzte, sagte ich schnell „Sitz!“. Dann lobte ich sie und gab ihr etwas zu fressen. Es dauerte nicht lange und sie hatte gelernt, dass sie eine Belohnung bekam, wenn ich „Sitz!“ sagte und sie sich hinsetzte.

Belohnungen sind wirklich praktisch. Nicht nur Katzen werden mit ihrer Hilfe trainiert, auch wir Menschen können neue Tricks – oder Gewohnheiten – leichter lernen, wenn wir diese Verhaltensweisen mit einer Belohnung in Verbindung bringen. Tatsächlich sind sich Tiertrainer und Eltern in der Beziehung sehr ähnlich: Unerwünschtes Verhalten ihrer Kinder (ob mit oder ohne Fell) wird ignoriert, erwünschtes Verhalten – „Sitz!“, „Platz!“, „Zimmer aufräumen!“ – wird belohnt. Oder zumindest nicht bestraft.

Unser Gehirn freut sich so über Belohnungen, dass wir uns sogar selbst auf diese Weise neue Verhaltensweisen leichter antrainieren können. Dazu musst du natürlich wissen: Was ist für dich eine gute Belohnung? Was motiviert dich wirklich? Was macht dir Freude? Wissen das auch die Menschen um dich herum?

99

Kann ein Ende ein Anfang sein?

Neunundneunzig

Es gibt Geschichten, die einen guten Anfang haben, eine schöne Mitte, aber ein unglaublich unbefriedigendes Ende. Das kann ein Ende sein, das ich nicht verstehe oder das einfach nicht zum Rest passt. So ein Ende würde einen unterhaltsamen Film oder ein spannendes Buch total ruinieren. Deshalb sind Enden wichtig.

Und obwohl Enden so bedeutend sind, verbinden viele Menschen damit keine guten Gefühle. Das ist verständlich, denn wenn eine Geschichte aufhört, eine Freundschaft nicht weitergeht oder sogar das Leben des liebsten Haustiers endet, dann ist das nicht etwas, das uns vor Freude in die Luft hüpfen lässt. Vor allem, wenn so ein Ereignis überraschend eintrifft. Aber ist jedes Ende wirklich ein Ende? Geht es danach tatsächlich nicht weiter? Selbst bei einer Sackgasse gibt es noch etwas, das beginnt, wenn die Straße zu Ende ist. Das kann ein Haus sein, ein Wald oder ein See. Und die fangen da an, wo die Straße aufhört. Auch wenn der schönste Tag zu Ende geht, bin ich ja noch da, um das mitzubekommen. Und ich erlebe auch, wie es weitergeht – mit der Nacht oder mit dem neuen Tag.

Wer entscheidet eigentlich, wann und wo etwas zu Ende geht? Wann fängt ein Ende an? Und was ist, wenn das Ende zu Ende ist? Hast du schon mal erlebt, dass nach einem Ende nichts – wirklich NICHTS – passiert? Ist es nicht logisch, dass nach jedem Ende immer auch etwas anderes anfangen muss? Diesen Gedanken gibt es sogar schon bei den alten Römern. Auf Latein „omni fine initium novum“ und übersetzt ins Deutsche: „Jedes Ende ist ein neuer Anfang.“ Hast du mal erlebt, dass sich etwas wie ein Ende anfühlte, aber dann als Anfang von etwas anderem entpuppte?

Wenn dieses Buch zu Ende ist, was fängst du dann Neues an?

100

Danke!

Einhundert

Herzlich willkommen zum Ende des Buchs!

Ich hoffe, du hast beim Lesen den ein oder anderen guten oder überraschenden Gedanken gehabt. Das würde mich sehr freuen, denn dann ginge es dir wie mir. Das Schöne an Gedanken ist, dass man sie mit anderen Menschen teilen kann – und sie werden trotzdem nicht weniger.

Was mir auch aufgefallen ist: In dem Wort „Gedanken" steckt „danken" drin. Und genau das tue ich jetzt. Ich danke allen, die mir ihre Fragen geschickt haben. Besonders natürlich: Mimi, Susanne, Cosmo, Bo, Marc, Jan, Annette, Robert, Nina, Alma, Thorsten, Timon, Marius, Vincent, Charlotte, Yannic, Simone, Max, Tina, Lyn, Mattes, Monika, Vivian, Stefanie, Laura-Marie, Nadine, Petra, Lena, Christina, Theo, Terence, Stefan, Jakob. Ohne euch wäre das Buch nur zwei drittel so schön geworden.

Vielen Dank an alle beim Duden, ausdrücklich an Susanne Klar, die – wie ihr Name es erwarten lässt – dafür gesorgt hat, dass meine Antworten klar wurden.

Und ich bedanke mich voller herzglitzernder Herzlichkeit bei meiner Familie. Immer wenn ich nicht wusste, was ich antworten sollte, habe ich einfach euch die Frage gestellt. Ihr bringt mich immer auf neue Gedanken.

Es steckt übrigens noch etwas anderes in dem Wort „Gedanken", und auch das passt perfekt – zumindest hat meine Oma das zum Abschied immer gesagt: „Ge'. Ge' mit Gott, aber ge'!" (Sie konnte kein „H" sprechen.)

Endnoten

(Alle Links wurden letztmalig abgerufen am 2. Juni 2022)

1 Zitiert nach: *Ovids Liebeskunst.* Berichtigt, übersetzt und erklärt von Heinrich Lindemann. Leipzig: Verlag Wilhelm Engelmann 1861 (https://www.projekt-gutenberg.org/ovid/arsamato/arsama13.html).

2 Zitiert nach: Britannica, The Editors of Encyclopaedia: *The Most Noble Order of the Garter. Encyclopedia Britannica*, 9 Mar. 2017 (https://www.britannica.com/topic/The-Most-Noble-Order-of-the-Garter).

3 Vgl. Douglas Adams: Per Anhalter durch die Galaxis. Band 1 der fünfbändigen »Intergalaktischen Trilogie«. Zürich: Kein und Aber 2017.

4 Bei Platon liest sich das so: „Die Macht aber die ich meine, kann am liebsten eine solche sein, wenn ihnen dieselbe Kraft zu Teil würde, die einst Gyges der Ahnherr des Lydiers soll gehabt haben. Dieser nämlich soll ein Hirt gewesen sein, der bei dem damaligen Beherrscher von Lydien diente […]", aus Platon: *Staat II*, 359c-360c, zitiert nach Friedrich Schleiermacher: *Platon. Platons Werke. Dritter Theil: Der Staat.* Berlin: Akademie Verlag 1985. Neuausgabe der zweiten verbesserten Auflage (Berlin 1817-26) bzw. der ersten Auflage des dritten Theils (Berlin 1828) (https://www.projekt-gutenberg.org/platon/platowr3/staat.html).

5 Ludwig Wittgenstein: *Tractatus logico-philosophicus. Logisch-philosophische Abhandlung.* Frankfurt: Suhrkamp 1963, S. 127.

6 Vgl. Platon schreibt: „Und wollte ich behaupten, daß ich um irgend etwas weiser wäre: so wäre es um dieses, daß da ich nichts ordentlich weiß von den Dingen in der Unterwelt ich es auch nicht glaube zu wissen […]", zitiert nach Friedrich Schleiermacher: Platon. Platons Werke. Erster Theil: Des Sokrates Verteidigung. Neuausgabe der zweiten verbesserten Auflage (Berlin 1817-26) bzw. der ersten Auflage des dritten Theils (Berlin 1828) (https://www.projekt-gutenberg.org/platon/platowr1/verteid1.html).

7 Vgl. Siegfried Brandt: *Sokrates und das Metawissen. Wegbereiter des Methodenwissens.* O. O. 2015, S. 3/26 (https://www.academia.edu/36550165/SokratesunddasMetawissen%CE%9F%E1%BC%B6%CE%B4%CE%B1%CE%BF%E1%BD%90%CE%BA%CE%B5%E1%BC%B0%CE%B4%CF%8E%CF%82.SokratesunddasMetawissenWegbereiterdesMethodenwissens).

8 Neugierig geworden? Guckt mal auf diesen beiden Seiten: (https://carei.umn.edu/resources/research-summaries/homework) und (https://news.stanford.edu/news/2014/march/too-much-homework-031014.html).

Impressum

Bibliografische Information der Deutschen Nationalbibliothek
Die Deutsche Nationalbibliothek verzeichnet diese Publikation in der Deutschen Nationalbibliografie; detaillierte bibliografische Daten sind im Internet über http://dnb.dnb.de abrufbar.

Bibliographisches Institut GmbH, Mecklenburgische Straße 53, 14197 Berlin
Dieses Werk wurde vermittelt durch die Montasser Medienagentur, München.

Ralph Caspers dankt allen, die ihm eine Frage gestellt haben: Mimi (2), Susanne (7), Cosmo (11), Bo (13), Marc (14), Jan (15), Annette (18), Robert (22), Nina (24), Alma (25), Thorsten (28), Timon (29), Marius (34), Vincent (36), Charlotte (40), Yannic (42), Simone (44), Max (47), Tina (52), Lyn (58), Mattes (60), Monika (65), Vivian (67), Stefanie (68), Laura-Marie (75), Nadine (77), Petra (79), Lena (80), Christina (87), Theo (90), Terence (91), Stefan (94), Jakob (96)

Redaktion und Lektorat Susanne Klar
Herstellung Alfred Trinnes
Layout und Satz Veronika Neubauer
Umschlaggestaltung 2issue, München
Umschlagabbildung © Ralph Caspers, 2022
Autorenfoto © Ralph Caspers, 2022
Handillustrationen: Ralph Caspers
Nintendo™, Donkey Kong™ und Super Mario™ sind Warenzeichen von Nintendo®

Druck und Bindung AZ Druck und Datentechnik GmbH,
Heisinger Straße 16, 87437 Kempten
Printed in Germany

ISBN 978-3-411-75674-2
Auch als E-Book erhältlich unter: ISBN 978-3-411-91375-6
www.duden.de

PEFC/04-31-2260

PEFC zertifiziert
Dieses Produkt stammt aus nachhaltig bewirtschafteten Wäldern und kontrollierten Quellen.

www.pefc.de